L'Organisation Consciente
La 5e Révolution industrielle

NORMAND BRIEN

EN COLLABORATION AVEC NATHALIE DAMPHOUSSE

WWW.NORMANDBRIEN.COM

L'Organisation Consciente

LA 5ᴱ RÉVOLUTION INDUSTRIELLE

1 LE *QUOI* ET LE *POURQUOI* DE L'ORGANISATION CONSCIENTE

T

Les Éditions Humani-T

Produit par : Éditions Carte blanche
6301, avenue de Chateaubriand, Montréal
www.carteblanche.qc.ca

Dépôt légal : 1er trimestre 2017
Bibliothèque nationale du Québec
Bibliothèque nationale du Canada
ISBN : 978-2-9816565-0-6
Imprimé au Canada

Table des matières

Première partie
L'entreprise traditionnelle
sous pression : état des lieux

Troisième partie
L'illusion au service de l'embuscade

Quatrième partie
La grande riposte

Prologue

Pourquoi et pour qui ce livre

Ce livre s'adresse aux millions d'Êtres humains, employeurs et employés, qui investissent une bonne partie de leur vie dans leur milieu de travail et qui constatent, quotidiennement, les conflits, les dysfonctionnements et les incohérences qui font fuir le bonheur, l'enthousiasme, la performance et, conséquemment, la réussite et la prospérité.

À vous, dirigeants et employés, ce livre lance une pressante invitation à vous extirper des murs que vous avez érigés à coup de croyances, de peurs, de doutes, de lassitude et de découragement, et qui ont bien réussi à vous garder dans la petite normalité, et à vous éloigner de votre génie créateur, auquel vous ne croyez peut-être même plus.

Il s'adresse aussi aux actionnaires et aux dirigeants qui tentent, en vain, de colmater ces graves fuites d'énergie dont les causes réelles sont très bien dissimulées sous les débris de la normalité quotidienne. Il s'adresse tout aussi fortement aux employés qui doivent trop souvent composer avec des environnements peu propices à la création de valeur et qui ont parfois abdiqué la responsabilité de leur propre destinée.

Ce livre met en lumière une nouvelle manière *de voir, de faire et de vivre* l'entreprise d'aujourd'hui, une nouvelle perspective qui permet d'identifier et de neutraliser les mécanismes responsables des nombreuses pertes d'énergie qui font obstacle à la manifestation du plein potentiel de l'organisation.

Il propose aux Êtres humains de toutes les organisations une approche intensément humaine et consciente qui pave la voie à la réalisation de leurs aspirations professionnelles et personnelles les plus importantes.

Plus qu'un « kit de survie » devant les défis de la nouvelle réalité socioéconomique contemporaine, et au-delà d'un simple message d'espoir, ce livre apporte à tous les acteurs du monde professionnel une puissante solution de remplacement au statu quo délétère ambiant : il soulève, il dénonce, il questionne, il confronte, il condamne, il débusque.

Mais, plus important encore, il éclaire, il propose, il guide, il propulse et il dirige vers un chemin révolutionnaire permettant aux Êtres humains qui le veulent de se détacher de l'orbite du stress, des conflits, de la peur, du doute et du statu quo, ouvrant ainsi la porte au *plein potentiel* et à la réussite exceptionnelle, autant pour l'entreprise que pour chacun des Êtres humains qui y travaillent.

Si vous faites partie de ces gens courageux, audacieux, honnêtes et sincères, qui sentent que leur vie professionnelle et leur vie personnelle se retrouvent coincées entre les vieux paradigmes d'hier et l'environnement dysfonctionnel d'aujourd'hui, alors les chemins proposés dans ce livre traceront une ligne dans votre destinée, séparant le passé de l'avenir.

Bienvenue dans l'Organisation Consciente, la Cinquième Révolution industrielle.

Bonne lecture !
Normand Brien

Avertissement

Tous les types d'organisations

Afin de faciliter la lecture et d'éviter la redondance des concepts, j'ai choisi d'utiliser les mots *entreprises* et *organisations* dans un contexte commercial pour étayer les arguments et les exemples.

Cependant, ce livre s'adresse à vous tous, femmes et hommes au travail, que vous soyez pompiers, policiers, ambulanciers, fonctionnaires, commis, vendeurs, secrétaires, journalistes, restaurateurs, enseignants, architectes, financiers, militaires, techniciens, ingénieurs, professionnels, cols bleus ou cols blancs, et peu importe l'organisation, l'association ou l'entreprise pour laquelle vous travaillez, qu'elle soit commerciale, syndicale, gouvernementale, politique, sociale, vocationnelle, sans but lucratif, petite, grande ou militante.

En fin de compte, vous découvrirez que tous les Êtres humains se ressemblent incroyablement, qu'ils doivent relever des défis tout à fait semblables, qu'ils font face aux mêmes difficultés et que leur vie professionnelle et leur vie personnelle sont soumises aux mêmes pressions et aux mêmes souffrances, sans égard à leur titre, leur fonction ou leur salaire.

Utilisation du genre masculin

L'utilisation du genre masculin a été adoptée dans l'écriture de ce livre. Nous nous conformons donc à la règle qui permet d'utiliser le masculin avec la valeur de neutre. Les termes employés doivent alors être pris au sens générique ayant à la fois la valeur d'un féminin et d'un masculin, le seul but étant d'alléger le texte.

La folie, c'est de se comporter
de la même manière et
de s'attendre à un résultat différent!

— Albert Einstein

Introduction

L'entreprise traditionnelle confrontée à son destin

Imaginez la scène : un parent tourne les yeux vers son enfant de trois ans et s'aperçoit soudainement que la petite main du bambin s'apprête à toucher un plat bouillant placé sur la cuisinière. Le parent voit bien ce qui se déroule dans la présente fraction de seconde, mais tout est lent et lourd dans le ralenti imposé par l'effet tunnel créé par l'urgence du moment. Le cri étouffé et tardif du parent, ainsi que ses mouvements figés, ne sont d'aucun secours ; la petite main gagne la course... et touche le plat.

Si seulement l'enfant avait su... et si le parent avait pu...

Je me sens parfois comme le parent lorsque j'observe les nombreuses entreprises traditionnelles qui foncent à pleine vitesse vers leur perte. Leurs dirigeants et leurs employés n'ont tout simplement pas conscience de la catastrophe qui s'érige devant eux. Comme dans toutes les précédentes révolutions qui ont frappé le monde du travail, il y a des Êtres humains *qui savent,* et d'autres *qui ne savent pas*.

L'entreprise traditionnelle s'apprête à subir un assaut sans précédent, fort probablement le plus violent des cinquante dernières années, et elle se comporte comme si de rien n'était ; l'abordage aura lieu quand même, car ce dernier ne dépend pas du niveau de conscience des Êtres humains dans les entreprises traditionnelles, mais plutôt de la grosse vague de la nouvelle réalité socioéconomique-numérique qui déferle en ce moment.

Si seulement ils savaient...

Une révolution sans précédent, une vague « tsunamique »

Toutes les entreprises sont actuellement, ou seront très bientôt, confrontées à des changements d'une ampleur insoupçonnée. Ces changements, que nous décrirons plus en détail dans les prochains chapitres, affectent les dirigeants et les employés dans leur capacité à répondre aux stimuli qui les bombardent continuellement dans leur quotidien. La plupart des entreprises sont encore gérées avec les outils d'hier et font figure de dinosaures lorsque comparées à la nouvelle concurrence, souple et dynamique, qui émerge avec force. Les défis que ces entreprises traditionnelles doivent relever dépassent largement leurs habiletés techniques et leur souplesse humaine, les entraînant ainsi dans un espace de vulnérabilité, de moindre compétitivité et de faible créativité.

Manifestement, une révolution gronde. Mais, puisque les écrans radars désuets de ces nombreuses entreprises traditionnelles ne détectent que le calme ambiant, ces dernières ne se doutent même pas qu'une immense vague d'une ampleur « tsunamique » s'apprête à déferler sur leur destinée.

Se démarquer ou disparaître

Se démarquer! Voilà un concept marketing connu depuis longtemps. Les entreprises contemporaines, les rares, qui trouvent le moyen de se distinguer clairement dans leur espace concurrentiel se donnent une longueur d'avance sur le terrain de la compétitivité. D'ailleurs, de nombreux dirigeants considèrent déjà internet à haut débit comme un outil privilégié et quasi miraculeux leur permettant de se démarquer dans un marché caractérisé par le coude à coude généralisé. Or, nous verrons plus loin que le *miracle internet* n'est peut-être pas aussi magique que les premiers discours semblent le claironner.

En effet, derrière sa première dimension aux reflets attrayants, on découvre l'autre côté plutôt menaçant du *miracle internet*. Qu'en est-il au juste ? En fait, les effets bénéfiques escomptés par la technologie internet sont partiellement neutralisés par l'effet boomerang de cette même technologie. À voir dans les prochains chapitres.

Phares allumés ou phares éteints ?

Beaucoup d'entreprises sont gérées quotidiennement à partir d'un espace situé entre l'illusion et la réalité. Certains dirigeants et employés ne réalisent simplement pas que leurs planifications, leurs décisions, leurs attitudes et leurs comportements manquent fréquemment de cohérence avec leur intention, leurs valeurs et leurs objectifs. Ces Êtres humains, sincères, honnêtes et doués, sont souvent baignés dans l'illusion du moment, laissant ainsi filer d'extraordinaires opportunités se trouvant juste à côté d'eux, dans la réalité et la conscience de l'instant.

En d'autres mots, des objectifs souvent élaborés par une vision myope ratent lourdement la cible de la réussite à cause d'attitudes et de comportements inappropriés des Êtres humains de l'entreprise, ces derniers faisant dévier les meilleures énergies vitales vers une autre cible de moindre valeur. La cohérence et la congruence étant souvent absentes de la vision et de la gestion quotidienne de nombreuses entreprises, la motivation et l'engagement prennent la fuite. On cherche le profit, tandis qu'en cours de route on tourne le volant vers les pertes d'énergie. On désire augmenter la productivité, mais, en même temps, on met en place un environnement de travail qui encourage plutôt la démobilisation, la frustration et les plaintes.

Pendant ce temps, dans d'autres entreprises, des dirigeants, plus conscients, ont appris à conduire *tous phares allumés* et veulent sans cesse *savoir* ; ils désirent connaître la réalité, ils veulent débusquer les incohérences. Ce sont des tireurs d'élite en constante recherche d'une meilleure réponse aux défis de la nouvelle réalité d'affaires. Quel contraste lorsque comparés à ceux qui conduisent *tous phares éteints* et qui ne cherchent pas vraiment à *savoir* ; ces derniers se fient plutôt à leurs acquis, se balançant entre le passé et l'illusion, sans remettre en question le *quoi* et le *pourquoi* de leurs choix quotidiens, laissant ainsi au hasard l'opportunité de rencontrer la chance.

Les prochains chapitres vous conduiront dans un univers où vous devrez confronter LA réalité, votre réalité, celle de la nouvelle réalité socioéconomique contemporaine, celle de vos employés, celle de vos dirigeants, celle de vos concurrents, celle de vos fournisseurs, celle de votre vie professionnelle et, finalement, celle de votre vie personnelle. Cette réalité, la *vraie* réalité, pave le chemin du bonheur et de la réussite exceptionnelle des Êtres humains qui savent la reconnaître, l'apprivoiser et l'écouter.

Maîtriser sa destinée personnelle et professionnelle

La plupart des Êtres humains semblent ignorer qu'ils sont les seuls architectes de leur destinée. Voilà du moins ma conclusion en observant leurs attitudes et leurs comportements : ils se plaignent de tout et de rien, alors que ce sont eux-mêmes qui choisissent les chemins qui les mènent justement vers l'objet de leurs plaintes. J'entends déjà les objections et l'indignation de certains. Mais soyez indulgents et patients à cette étape : de nombreuses explications et nouvelles perspectives vous apaiseront sous peu.

Ces Êtres humains possiblement victimes d'eux-mêmes possèdent toutefois un pouvoir quasi infini sur leur destinée. Il suffirait qu'ils en prennent conscience et qu'ils passent à l'action pour renverser cette fatalité apparemment prédestinée qui terrassera la plupart d'entre eux.

Voici donc une fenêtre qui s'ouvre sur les clés déterminantes vous permettant de participer pleinement à la création de votre propre destinée.

Appel à l'intuition, au discernement et à l'intelligence

En 1950, le leader religieux, le notaire et le médecin formaient le « groupe de sages » du village. À cette époque, les hommes et les femmes, privés d'information, ne pouvaient, seuls, décider ce qui était le mieux pour eux. C'était du moins le message véhiculé.

Depuis, les temps ont bien changé. Les grandes révolutions électronique, informatique et numérique continuent d'ébranler les fondements de cette époque où quelques-uns *savaient* et les autres *ignoraient*. Bien que les industries médicale, pharmaceutique, alimentaire et chimique, accompagnées par de *grands* penseurs universitaires, semblent avoir remplacé les sages du village en dominant l'« espace du savoir », l'arrivée d'internet à haut débit et son contenu riche et abondant annoncent le déclin d'un statu quo ankylosé par la vieille énergie d'hier.

Au moment même où vous lisez ces lignes, des Êtres humains munis d'un nouveau pouvoir expérimentent l'*intuition* et remettent en question les normes, les formalités, les conformités établies et autres « savoirs » imposés. Albert Einstein n'affirmait-il pas que la « découverte » du concept de la relativité avait été possible grâce à son intuition et son intelligence, et non pas son savoir-faire ?

En lisant ce livre, chers Êtres humains, votre intuition, votre intelligence vive et votre jugement bien connectés à votre dimension intérieure seront appelés à reprendre du service. Ce bouquin se veut une pressante invitation à sortir des sentiers battus et à expérimenter une nouvelle manière de voir, de faire et de vivre l'entreprise.

Dans le cadre de ma passion, je rencontre des dirigeants et employés qui sont enchaînés à *la manière de faire et de voir* imposée par une pensée unique, *mainstream*, qui fait loi dans leur environnement de travail. De plus, ces dirigeants, directeurs, cadres, superviseurs, gestionnaires et employés de tous les niveaux observent la faible congruence dans leur vie professionnelle et leur vie personnelle, vies qu'ils savent souffrantes, bousculées, désengagées et mal inspirées.

Ces Êtres humains, honnêtes, généreux et sincères, constatent qu'ils ont perdu la maîtrise de leur quotidien, de leurs rêves et du génie créateur en eux. Ils ressemblent parfois à des robots qui sont en train de réaliser les rêves de quelqu'un d'autre au lieu de travailler à construire les leurs, ceux-là mêmes qui sauraient rallumer la flamme de leurs passions. Ils ressentent amèrement la frustration, l'absence de bonheur et de joie de vivre, et ils sont prêts à considérer une autre manière de voir, de faire et de vivre leur vie personnelle et leur vie professionnelle qui ramènerait du sens, de l'espoir, du bonheur, de l'enthousiasme, de la passion et de la réussite dans leur quotidien.

Depuis maintenant plusieurs décennies, les « grands penseurs et chercheurs scientifiques » décident de ce qui est bon et bien pour vous. « Ils veulent votre bien et votre intérêt », me lançait récemment mon conseiller financier, en blaguant ! Ils ont, semble-t-il, pensé et conçu de nouveaux environnements de travail plus productifs ; ils croient avoir identifié les causes des maladies professionnelles pourtant en hausse exponentielle, tandis que, dans les faits, ils parlent plutôt des symptômes en aval des vraies causes. Ils vous ont dit comment vous soigner physiquement et psychologiquement même si la *prévention* ne compte que pour une très faible portion de leur approche, le réflexe pharmaceutique faisant le reste. Ils ont analysé vos comportements, ils ont écrit des bouquins et ils ont rédigé des codes pour caractériser finement ce dont vous souffrez mentalement chaque fois que vous ne vous comportez pas « normalement » pendant quelques jours consécutifs. Ils ont étiqueté vos peines, vos détresses et vos deuils et, en bons Samaritains, ils vous offrent, moyennement rétribution, des traitements *scientifiquement prouvés...* par eux-mêmes.

Pendant ce temps, le bonheur n'a jamais été consulté et la détresse dans la vie professionnelle et personnelle atteint des niveaux alarmants. L'Être humain créateur est resté en retrait, déshumanisé, au milieu d'entreprises hyperhiérarchisées et encodées par des diplômés universitaires formés à l'enseigne de l'ancienne énergie. Ces entreprises ont oublié que leur nature profonde est, avant tout, essentiellement humaine et que la recherche du bonheur et l'expression du génie en soi sont souvent les seules quêtes réelles de chaque femme et de chaque homme qui s'affairent dans ces organisations malades.

Je ne dis pas que les médecins, psychologues et autres « spécialistes-de-ce-dont-vous-avez-besoin » ne sont pas utiles. Si vous croyez devoir les consulter, allez-y, n'hésitez surtout pas! Ils pourraient fort bien vous aider à retrouver la santé. Mais j'observe surtout que la nouvelle énergie émergente laisse entendre qu'une révolution est en marche et qu'un Être humain mieux informé et plus conscient s'apprête à prendre graduellement la responsabilité de sa condition de vie, de sa santé physique et mentale, de son bonheur et de sa réussite, et que cette démarche ne passe pas nécessairement par les vieux canaux obligés d'antan.

Un monopole achève son règne sans partage. L'Être humain réfléchit et saisit de plus en plus de ce qui est bon et vrai pour lui. La lumière éblouissante, générée par une élévation du niveau de conscience et par l'accès aux nouvelles connaissances offertes par la révolution numérique, force un changement de régime.

Fortement appuyés par l'intuition, les individus qui choisiront la liberté de réfléchir et la prise de responsabilité de leurs choix deviendront maîtres et créateurs de leur destinée, sans devoir demander la permission aux sages du village.

À tous ceux qui liront ce livre, ne croyez rien de ce que je dis : expérimentez plutôt par vous-mêmes. Ne tenez rien pour acquis : apprenez à débusquer les réponses souvent cachées à l'intérieur de vous, tout près, entre votre intuition et votre profond ressenti. N'hésitez pas à faire appel à l'audace et au courage : démarquez-vous et soyez originaux, le succès et le bonheur empruntent rarement les chemins les plus fréquentés.

La dimension humaine prend le pouvoir

Les dernières révolutions industrielles ont placé les côtés technique, mécanique et chimique tout au haut de la liste des outils stratégiques de l'entreprise. Plus tard, de nouvelles méthodes de gestion ont révolutionné les manières d'administrer, et une hiérarchie structurée s'est graduellement édifiée au sein des organisations modernes devenues plus complexes. La plupart des entreprises se sont axées sur un style de gestion, semblable d'une organisation à l'autre, qui semble répondre aux besoins du moment. Sauf que la dimension humaine a été évacuée des priorités stratégiques. C'est alors que les maladies professionnelles sont graduellement apparues et que les environnements de travail se sont complexifiés sous la pression de considérations très éloignées de la vraie nature humaine. La productivité s'est enlisée, la machine s'est essoufflée et les entreprises traditionnelles contemporaines sont devenues lourdes et mal préparées aux défis imposés par la nouvelle réalité socioéconomique-numérique.

Jamais auparavant les organisations n'ont eu autant besoin d'un gain de productivité et de créativité qu'aujourd'hui. Or, une nouvelle manière de voir, de faire et de vivre l'entreprise semble indiquer que la productivité et la créativité ne se nourrissent pas seulement de technique, de mécanique, de chimique ou d'autres choses issues des méthodes de gestion modernes, mais aussi et surtout de bonheur, d'enthousiasme, de passion, d'intuition, d'imagination, de motivation, de mobilisation et d'engagement, donc d'éléments intimement reliés à la dimension humaine.

Le pouvoir, le *vrai* pouvoir, se trouve donc au cœur de la dimension humaine. En son sein, cette dernière abrite les réponses les plus audacieuses et les plus inattendues aux défis de la nouvelle réalité contemporaine. On y retrouve d'étonnantes sources d'énergie que peu d'Êtres humains connaissent ou utilisent. Dans les prochains chapitres, une intense lumière sera dirigée sur l'Être humain, ce créateur surprenant, celui qui décide consciemment ou non de sa destinée et de celle des entreprises où il s'affaire en tant que dirigeant ou employé. Soyez donc prêts à sortir de votre zone de confort!

Choisir d'élever son niveau de conscience

Le signal de départ est donné à l'Être humain pour qu'il s'affranchisse de tout ce qui le maintient petit. Il est temps qu'il se remette à réfléchir, à écouter son intuition, à reconnaître sa grandeur, son génie, sa beauté et ses véritables besoins. Il est grand temps qu'il remette en question le bien-fondé de ce qu'on lui a enseigné et qu'il replace sa dimension intérieure tout au haut de la liste de ses priorités personnelles et professionnelles. L'univers entier conspire pour propulser l'Être humain bien au-delà de ce qu'il croyait impossible encore hier, mais encore faut-il que ce dernier le veuille! Vivement un Être humain plus conscient, mieux connecté à sa dimension intérieure, plus intuitif et plus heureux. Vivement une économie au service de l'Être humain, et non l'inverse.

Cependant, l'Être humain doit décider, et agir. Sans action, sans cohérence et sans volonté, il ne pourra pas expérimenter le renouveau, la force de gravité du statu quo étant trop forte. Il doit identifier ce qui fait obstacle à sa prospérité et à son bonheur. Il doit comprendre quel genre d'environnement de travail favorise davantage son génie *créateur de valeur*. Il doit savoir ce qu'il veut vraiment dans la vie et être prêt à séparer l'essentiel de l'accessoire. Il doit découvrir les mécanismes actifs en lui qui contribuent à nourrir le stress, l'angoisse, la peur et le doute, et avoir le courage de les neutraliser.

La seule personne ayant tout le pouvoir de réussir dans *la* vie et dans *sa* vie, la seule personne qui peut décider d'emprunter le chemin du bonheur et de l'authenticité, c'est Vous, Vous la source du génie, Vous le créateur talentueux qui s'ignore la plupart du temps.

Ce livre claironne un grand réveil et tente de faire la lumière sur la réalité. La lumière et les alarmes, seules, ne peuvent rien changer, car, à la fin de la journée, c'est Vous qui déciderez de regarder, d'écouter, de choisir et de passer à l'action, ou de ne rien faire. Et sachez que la plupart de ceux qui décident de changer de perspective de vie, qui décident de mettre leur intuition et leur intelligence vive à contribution, et qui, surtout, choisissent d'élever leur niveau de conscience, expérimentent à tout coup la réussite, le bonheur, la passion, l'enthousiasme, la motivation, et voient leur vie reprendre du sens.

D'autre part, ceux qui remettent aux autres et aux circonstances de la vie la clé de leur destinée devront faire le deuil de leur bonheur potentiel ; ils continueront d'expérimenter la frustration, la fatigue, le stress, l'anxiété, le ressentiment et devront éventuellement constater l'échec de leurs rêves. Pourtant, la métamorphose n'a jamais été aussi prête à transformer votre expérience de vie ; elle n'attend que votre signal de départ, votre volonté et votre audace, pour passer à l'action.

J'ai trop vu de femmes et d'hommes débordant d'intelligence, d'humanité et de passion, pratiquer l'autoeuthanasie tranquille jusqu'à ce que le silence et la résignation aient raison de leur grandeur. J'ai été, et je suis toujours, un observateur attentif d'entreprises malades, fatiguées et désorientées, découragées et épuisées, qui manquent d'énergie pour faire face aux nouveaux défis énergivores imposés par les grands changements socioéconomiques-numériques qui déferlent actuellement. J'ai vu la source des problèmes s'activer impunément, j'ai constaté la détresse dans laquelle de belles organisations s'enfoncent inconsciemment, un peu plus profondément chaque jour. J'ai été témoin de tellement de drames inutiles. J'ai alors décidé de prendre la plume, car le rôle de spectateur passif, soit garder le silence et rester les bras croisés, ne me convient pas du tout.

Ce livre est un message d'espoir capable de débarrasser les entreprises traditionnelles des obstacles qui les gardent petites et qui les ralentissent, voire les paralysent, dans leur élan naturel vers la réussite. Il propose de nouvelles perspectives inédites et audacieuses, d'une puissance et d'une efficacité encore jamais vues, à tous ceux qui ont la lourde responsabilité de diriger des organisations, des projets, des équipes et des Êtres humains vers la réussite exceptionnelle.

Mais, attachez vos ceintures, car les messages de ce bouquin sont parfois crus, les vérités plutôt brutes et désagréables. L'objectif ultime de ce livre est de réveiller et de susciter l'action consciente avant qu'il ne soit trop tard. Tout au long des textes, la dimension humaine, le discernement, l'intuition, le courage, la volonté et la capacité à passer à l'action sont énormément sollicités et remis à l'avant-plan.

Seul, ce livre ne peut rien accomplir. Il a besoin de Vous ; il a besoin de votre détermination à vous rebrancher solidement à votre dimension intérieure et à faire les efforts nécessaires pour élever votre niveau de conscience, car ce sont les seules voies qui mènent au bonheur et à la réussite exceptionnelle, malgré tant de vents contraires.

Vers l'Organisation Consciente : le *quoi* et le *pourquoi*

L'Être humain, lorsque heureux et motivé, peut accomplir de très grandes choses. Dans le cas contraire, c'est l'indifférence, la routine, le statu quo et l'*ordinaire*. Il n'y a rien comme le *quoi* et le *pourquoi* pour susciter la curiosité et donner le goût de passer à l'action, et donner l'élan pour cheminer vers quelque chose de plus élevé. C'est seulement après cette étape que le *comment* est requis, pas avant.

Ainsi, ce bouquin se concentre sur le *quoi* et le *pourquoi* de l'Organisation Consciente et du Savoir-Être conscient.

L'objectif ultime de ce livre est de vous montrer une perspective beaucoup plus élevée et tellement plus intéressante pour votre entreprise, pour votre vie professionnelle et votre vie personnelle. Il tentera de vous démontrer comment le statu quo signifie la mort de votre entreprise et qu'il faut urgemment opter pour une nouvelle perspective qui contient les réponses pour relever les défis imposés par la nouvelle réalité d'affaires contemporaine.

Tous les Êtres humains ont besoin de se convaincre du *quoi* et du *pourquoi* d'un projet qui leur est offert avant d'avoir l'élan pour plonger dans le *comment*. Les textes suivants traitent notamment du lien qui existe entre la réussite de l'entreprise et le bien-être des Êtres humains qui y travaillent. Ainsi, les Êtres humains qui ont abandonné leur bonheur, leur bien-être et leur équilibre dans les mains des autres et des circonstances de la vie n'auront pas l'énergie nécessaire pour créer de la valeur dans leur vie professionnelle ou dans leur vie personnelle. Tant que ces derniers ne reprendront pas le contrôle de leur vie et de leur destinée, leur apport en tant que créateur de valeur dans l'entreprise sera à l'image de leur état intérieur.

Votre vie actuelle, vécue minimalement et à temps partiel, mérite pourtant plus et beaucoup mieux. Vous n'utilisez probablement qu'une infime partie de votre plein potentiel et gaspillez à jamais des espaces-temps qui attendent, en vain, le bonheur et la réussite qui sont pourtant à portée de votre dimension intérieure. Voici donc un aperçu de ce qui attend les Êtres humains qui choisissent d'opter pour le meilleur d'eux-mêmes.

Le plein potentiel, rien de moins

Il y a de ces jours où le réveil est joyeux, les idées sont claires, l'avenir paraît rempli de promesses, l'air sent bon, le cœur et l'esprit sont en paix, les soucis sont absents et le café goûte meilleur que jamais. Ce sont des journées où toutes vos actions semblent admirablement inspirées par votre intuition, et tout ce que vous entreprenez réussit tout naturellement. Les gens autour de vous ressentent du bien-être en votre compagnie, votre environnement bénéficie de votre regard empathique et heureux, et vos projets se déroulent mieux qu'anticipé. Bref, vous êtes submergés par un sentiment de bien-être et d'invulnérabilité et, en apparence, rien ne peut ralentir votre élan gagnant. Ne consultez pas un spécialiste de la santé, vous êtes simplement et probablement connectés à votre plein potentiel !

Ce plein potentiel se manifeste tout naturellement lorsque le mental est totalement « disponible », libre de tout souci, de toute distraction. L'intelligence, la mémoire, l'intuition et l'imagination s'y joignent alors d'emblée afin de contribuer à cet effervescent vortex créatif qui s'apprête à alimenter le génie créateur en vous. Dès le moment où vous possédez un accès sans restriction à votre plein potentiel, le « superman » dissimulé en vous reprend du service : il libère alors le génie de sa bouteille et imprègne votre environnement de lumière, de force et d'oxygène, contribuant ainsi à augmenter votre réserve d'énergie vitale.

Le plein potentiel dont il est question dans cet ouvrage n'a aucun lien avec *la quantité de travail qu'un Être humain peut accomplir dans un temps donné*. Il ne représente pas non plus une mesure de performance dans le sens de productivité ou de vitesse d'exécution. Le terme *plein potentiel* utilisé dans ce livre désigne plutôt un « état d'être » où l'Être humain, ayant développé un lien *vivant* de qualité avec sa dimension intérieure, est plus apte à réfléchir, à créer, à agir et à entrer en relation avec les autres à partir d'un espace de grande qualité désencombré des distractions et des émotions qui peuvent limiter la disponibilité de son mental et ainsi ralentir son évolution et son épanouissement. Ce même lien, lorsque bien entretenu, favorise l'accès à une conscience et une vision accrues de son environnement intérieur et extérieur, tout en s'appuyant fortement sur les valeurs qui donnent un sens profond à ses actions.

Ainsi, l'Être humain expérimentant son plein potentiel peut se détacher beaucoup plus facilement, voire s'élever *au-dessus*, de certains états intérieurs négatifs qui donnent naissance aux habitudes et aux comportements qui freinent le déploiement du meilleur de chacun. Dit autrement, et mis dans le contexte de cet ouvrage, le plein potentiel représente la prodigieuse force originelle capable de propulser chaque Être humain au sommet du bonheur et de la réussite alors qu'aucune entrave ne vient altérer la manifestation optimale de son génie créateur.

Cependant, le plein potentiel étant facile à déstabiliser, les Êtres humains n'y ont souvent qu'un accès plutôt limité, et seulement pendant de courtes périodes de temps à la fois ; les soucis, les conflits et les dysfonctionnements présents dans leur environnement de travail et dans leur vie personnelle entravent fréquemment le chemin y menant. Il suffit que la peur, l'anxiété, le doute ou la frustration, par exemple, viennent envahir l'espace mental de l'Être humain pour que l'élan créatif de ce dernier bascule immédiatement dans une zone sombre où la légèreté, l'intuition, le plaisir, le bonheur, le bien-être et la bienveillance sont absents. L'Être humain ainsi affecté éprouve soudainement des difficultés à soutenir des communications de qualité et ses humeurs deviennent perturbées. L'enthousiasme et la motivation qui, encore tantôt, propulsaient le talent et le savoir-faire sur l'orbite de l'excellence n'ont plus le goût d'être sollicités. Bref, la journée s'annonce plutôt longue, et le stress, voyant l'opportunité qui lui est offerte, vient rapidement s'installer dans ce mental déjà encombré par des émotions énergivores, ce qui contribue à entraver encore davantage la capacité de cet Être humain à accéder à son plein potentiel.

Il y a ainsi des moments de vie où l'Être humain a facilement accès à son plein potentiel, et d'autres moments où l'accès est plutôt difficile. Des millions d'Êtres humains sont quotidiennement ballottés entre ces deux extrêmes et tous croient qu'il s'agit d'une situation *normale*. Ainsi, le degré d'accès au plein potentiel de ces gens honnêtes et sincères fluctue en amplitude et en fréquence, d'heure en heure et de jour en jour, selon leurs états émotionnels du moment, eux-mêmes influencés par les pensées positives ou négatives, par les circonstances de la vie et par les nombreux stimuli générés par les interactions avec les autres.

Cependant, l'Être humain ayant développé les habiletés et acquis les outils lui permettant d'accéder sans restriction à son plein potentiel bénéficie d'une vie tellement plus facile, heureuse et prospère qu'il mettra sa plus grande vigilance à contribution afin de continuellement chasser de son mental les entraves qui peuvent limiter l'accès à ce plein potentiel. Pourquoi se contenterait-il de moins ?

Dans les prochains chapitres, vous découvrirez combien le plein potentiel est important autant pour le succès et la prospérité des entreprises que pour le bonheur et la réussite de la vie personnelle et professionnelle des Êtres humains qui animent quotidiennement ces entreprises.

Le Savoir-Être conscient

Le *Savoir-Être conscient* est un concept très utilisé dans ce livre. Mais, je me retrouve confronté à un dilemme: comment aborder un sujet aussi vaste, profond et subtil, tout en évitant d'alourdir considérablement le texte dont le sujet principal est le *quoi* et le *pourquoi* de l'Organisation Consciente. J'ai donc besoin de votre indulgence.

En conséquence, ce livre abordera aussi le *quoi* et le *pourquoi* du Savoir-Être conscient sans déborder sur le *comment*, pour tout de suite. Ceci permettra de mettre l'accent sur la puissance et les avantages du Savoir-Être conscient en tant que propulseur de réussite exceptionnelle pour l'entreprise, pour ses dirigeants et pour ses employés, en favorisant le déploiement optimal de leur plein potentiel. Le *comment* développer les outils et acquérir les habiletés du Savoir-Être conscient sera donc traité en profondeur dans le prochain ouvrage.

Retenez donc, pour l'instant, que le Savoir-Être conscient s'apparente à une culture de vie ou encore à un mode *de faire, de voir et de vivre*, qui influence puissamment les paroles, les gestes, les actions, les pensées, les attitudes, les comportements et, finalement, toute la destinée de l'Être humain qui en est imbibé. Le Savoir-Être conscient est le plus pur produit d'un niveau de conscience plus élevé, et recèle la clé, essentielle et incontournable, permettant à l'Être humain d'accéder à son plein potentiel.

Amplificateur de bonheur et de réussite

Dans de très nombreuses entreprises, le savoir-faire et le talent – que je nomme aussi *structures de première dimension* – sont considérés comme les deux piliers stratégiques fondamentaux pour l'atteinte de la réussite, à un tel point que nombre d'entre elles ne lésinent pas sur les moyens pour dénicher ces trésors : on assiste à une course aux talents. Des équipes sportives agissent d'ailleurs de la même manière. La quantité d'énergie investie dans la recherche de ces Êtres humains dotés de connaissances techniques et d'habiletés sans pareil est inouïe. Pourtant les nombreux échecs et les espoirs déçus pointent vers une réflexion en profondeur : est-ce que le savoir-faire et le talent, seuls, peuvent paver le chemin menant à la réussite ?

Par exemple, lorsqu'on analyse avec soin les raisons ayant pu mener à l'effondrement de la performance de Tiger Woods au lendemain de la publication de l'histoire concernant son infidélité, une question surgit : puisque son savoir-faire et son talent sont demeurés intacts, pourquoi alors sa performance s'est-elle dégradée ? Est-ce que d'autres facteurs peuvent influencer à ce point la performance de l'Être humain ?

Le savoir-faire et le talent semblent avoir besoin d'un *propulseur* afin de pouvoir engendrer la performance réelle. En regardant d'un peu plus près, on observe que ce propulseur se situe au niveau de la *dimension intérieure* de l'Être humain et qu'il s'active à pleine puissance en présence du bonheur, de la motivation et de la passion, alors qu'il fonctionne au ralenti ou s'effondre en présence d'états émotionnels énergivores. Ainsi, un génie créateur normalement déchaîné dans sa passion aura soudainement une énorme difficulté à créer de la valeur étonnante en présence de la colère, de la frustration, du ressentiment, de la peur, de l'anxiété ou du stress, pour ne citer que ces exemples. En effet, plus l'Être humain se laisse envahir par de tels états énergivores, moins il est « présent » pour créer de la valeur étonnante, son mental étant trop absorbé par des pensées qui le perturbent, celles-là mêmes qui sont à la source de ses émotions énergivores.

Or, pour expérimenter des états intérieurs comme le bonheur, la paix et le bien-être, et pour être en mesure de résister aux continuels bombardements de stimuli qui l'assaillent de toutes parts et qui semblent être capables de le faire basculer dans des humeurs et des émotions énergivores, l'Être humain doit se doter d'outils et maîtriser des habiletés lui permettant de surfer *sur* les circonstances de la vie et les stimuli ambiants. Et ces habiletés et ces outils proviennent justement du Savoir-Être conscient.

Le concept du Savoir-Être conscient, que je nomme aussi *structure de troisième dimension*, fait appel à la pleine conscience de l'Être humain de son environnement intérieur et de son environnement extérieur : plus un Être humain est conscient, *en temps réel,* de ses environnements, mieux il est équipé pour choisir les réponses les plus appropriées à offrir aux circonstances de la vie, au lieu de se laisser ballotter entre réactions automatiques impulsives et émotions énergivores hors contrôle.

Ainsi, chaque fois que le concept du Savoir-Être conscient sera utilisé dans ce livre, vous saurez qu'il s'agit d'un ensemble d'habiletés et d'outils qui proviennent d'un espace infiniment plus grand que celui du pur intellect, soit celui de la dimension intérieure de l'Être humain. Et vous saurez aussi que cette dernière a une immense influence sur la qualité de la réponse que l'Être humain donne, à chaque instant, aux circonstances de la vie et aux stimuli provenant de son environnement intérieur et extérieur. Et lorsque cet Être humain est guidé et inspiré par son Savoir-Être conscient, il bénéficie automatiquement d'un accès quasiment ininterrompu à son plein potentiel !

Le Savoir-Être conscient est tellement puissant dans sa capacité à transformer une vie ordinaire en une vie extraordinaire que, dès qu'il fait partie intégrale de la vie quotidienne de l'Être humain, les conflits, les dysfonctionnements, les difficultés relationnelles et les souffrances n'ont plus d'emprise sur son existence. Il n'y a aucun doute : le Savoir-Être conscient est un vecteur exceptionnel de bonheur et de réussite.

L'Organisation Consciente : la réponse aux défis contemporains

Lorsque l'électricité a été découverte, plusieurs vendeurs d'huile à lampe ont compris qu'il était alors temps de vendre leur commerce, alors que certains autres n'ont pas immédiatement saisi l'impact de cette avancée technologique sur leur entreprise. Ma mère, née en 1928, m'a raconté que plusieurs personnes ont préféré garder leurs vieilles lampes à huile lorsque les ampoules électriques ont été disponibles sur le marché. Le même phénomène de résistance à la nouveauté, ou d'attachement au passé, s'est produit avec l'arrivée des tracteurs en agriculture. Les cultivateurs qui utilisaient alors les bœufs pour labourer leurs champs ne croyaient pas que ces « machines » munies d'un moteur à essence pourraient éventuellement remplacer leurs bêtes. En effet, les cultivateurs pouvaient donner des ordres aux bœufs et ces derniers obéissaient : « Arrête ! », « Avance ! » Alors, toujours selon ma mère, les cultivateurs disaient, qu'avec le tracteur, la tâche deviendrait plus compliquée et plus onéreuse puisque cette machine n'obéissait pas aux ordres, qu'elle consommait de l'essence, exigeait de l'entretien, et qu'elle pouvait se briser.

On se retrouve aujourd'hui devant une puissante révolution socioéconomique-numérique qui s'apprête à bouleverser les manières de voir, de faire et de vivre l'entreprise, comme ç'a été le cas avec l'arrivée de l'électricité et du tracteur. Mais beaucoup de dirigeants et d'employés de l'entreprise traditionnelle n'y voient encore rien. Ils refusent de prendre acte des grands changements qui s'installent dans leur cour, ils ne s'aperçoivent pas encore que les marchés sont de plus en plus saturés, ils ne réalisent pas combien il leur sera de plus en plus difficile de se démarquer des concurrents. En fait, ils ne savent même plus quels sont leurs concurrents puisque ces derniers se sont déjà mutés en une sorte de masse informe méconnaissable sur la toile. Ils sont tellement habitués à fonctionner avec les vieux paradigmes d'hier que leur vision est embuée, voire obstruée, par l'*illusion que rien n'a vraiment changé*.

Juste à côté de l'entreprise traditionnelle, on remarque un autre type d'organisation. Vue de l'extérieur, l'Organisation Consciente ressemble à une entreprise tout à fait *normale*, comme tant d'autres. Il faut s'aventurer à l'intérieur de ses murs pour constater que quelque chose de différent s'y trame.

En fait, cette entreprise « supérieure » est beaucoup plus performante que sa concurrente, l'entreprise traditionnelle : plus efficace pour innover et créer de la valeur étonnante, plus efficace en termes de productivité, plus efficace pour mettre en place et cultiver un environnement de travail d'une qualité exceptionnelle, plus efficace pour attirer et retenir les Êtres humains talentueux qui détiennent un savoir-faire de haut niveau et, conséquemment, plus efficace pour remplir sa mission.

Lorsqu'on remonte en amont de cette grande efficacité, on s'aperçoit que l'Organisation Consciente est habitée par des dirigeants et employés munis du Savoir-Être conscient ayant accès, la plupart du temps, à leur plein potentiel. Ces Êtres humains n'ont rien de plus ni rien de moins que vous et moi. Ce sont simplement des gens qui ont décidé de cultiver les habiletés et d'utiliser les outils du Savoir-Être conscient, non pas parce qu'ils sont plus intelligents ou plus subtils que vous et moi, mais simplement parce qu'ils veulent réussir *leur* vie et réussir dans *la* vie ; ils ont *décidé* d'être heureux et ils ont entrepris de manifester des attitudes et des comportements de leader capables de les guider vers le bonheur et la réussite exceptionnelle. En fait, ce sont simplement des gens qui ne veulent plus vivre dans l'espace du statu quo *normal*, là où l'accès au bonheur et à la réussite exceptionnelle est tellement plus compliqué et aléatoire.

Les chapitres qui suivent traitent du *quoi* et du *pourquoi* de l'Organisation Consciente et du Savoir-Être conscient. Soyez donc avisés, chères lectrices et chers lecteurs, qu'après avoir « pris conscience » de l'existence d'une puissante alternative à votre manière de voir, de faire et de vivre, et compris que cette dernière est facilement accessible, vous ne pourrez plus continuer à vivre votre vie personnelle et professionnelle comme auparavant. Si vous êtes un dirigeant, vous ne pourrez plus continuer à gérer votre entreprise de la même manière. Si vous êtes un employé, vous deviendrez soudainement plus exigeant, autant envers vous-même qu'envers votre entreprise. Et en tant qu'Être humain qui aspire au bonheur, vous aurez le goût de vivre une vie personnelle d'une qualité nettement supérieure à ce que vous avez connu jusqu'ici.

Dès le moment où vous *saurez*, un grand dilemme viendra squatter votre esprit : choisir la lampe à huile et les bœufs, ou considérer une autre manière de faire, de voir et de vivre votre vie ?

Créer de la valeur étonnante

L'expression *valeur étonnante* est abondamment utilisée dans ce bouquin. Le mot *étonnante*, ajouté en complément, veut souligner avec force le caractère nettement distinctif de la valeur nouvellement créée pour la clientèle. Cette valeur n'a donc rien d'ordinaire. Elle dépasse en amplitude, en qualité, en originalité et en nouveauté ce à quoi un utilisateur moyen aurait pu normalement s'attendre.

Créer de la valeur « étonnante » nous amène donc sur un palier supérieur à celui de l'excellence et, bien évidemment, palier supérieur aussi à ceux de l'ordinaire et de l'extraordinaire. Nous sommes ainsi, figurativement parlant, héliportés au niveau de l'*exceptionnel*, rien de moins! D'ailleurs, pourquoi viser plus bas que le plus haut niveau permis par le plein potentiel?

Première partie

L'entreprise traditionnelle
sous pression : état des lieux

Jamais auparavant, l'entreprise n'a été autant sollicitée de toutes parts. En l'espace de quelques années seulement, les nouvelles technologies de l'information, propulsées par internet à haut débit, ont complètement changé les modes d'emploi concernant les échanges entre les Êtres humains, ce qui a provoqué de graves tensions dans les environnements de travail, dans les vies personnelles et professionnelles.

Il semble que l'effet de surprise ait frappé très fort puisque les entreprises sont devenues toutes semblables lorsque observées sous la loupe internet, n'ayant pas trouvé le moyen de faire différemment et de se distinguer. Et, comme si ce n'était pas suffisant, elles sont bombardées quotidiennement par des changements fréquents, profonds et rapides qui dépassent largement leur capacité d'adaptation.

Pour coiffer le tout, un nouveau type de concurrence apparaît, sans avertissement, dans leur rétroviseur embué. Et tout cela survient dans un contexte où les dirigeants et les employés sont débordés, fatigués, voire épuisés. Quel désordre !

Chapitre 1

L'entreprise traditionnelle coincée entre statu quo, illusion et réalité

L'entreprise qui abrite actuellement votre vie professionnelle est probablement de type « traditionnel ». Peut-être est-ce le seul type d'entreprise que vous connaissez. C'est, en tout cas, le modèle d'affaires que vous avez étudié à l'université et celui que vos parents ont connu dans leur propre vie professionnelle. Rien de nouveau, donc.

Le concept de l'entreprise traditionnelle a traversé de si nombreuses générations et autant de courants philosophiques que sa structure de gestion, maintes fois modifiée et adaptée, est devenue rigide et complexe. Elle me fait penser à un programme informatique conçu au début des années 1980 et qui aurait été profondément modifié chaque décennie afin de répondre aux nouvelles réalités fonctionnelles et techniques du temps. L'architecture, le langage et la structure même du logiciel ont tellement été transformés et reconfigurés que les acrobaties rendues nécessaires pour réaliser les nombreuses mises à jour ont englué par des procédures kafkaïennes la souplesse originale de l'outil. Afin de retrouver les caractéristiques d'utilisation d'antan, il faudrait tout recommencer l'ouvrage, cette fois-ci en utilisant des outils et une architecture modernes qui permettraient au logiciel de revenir au service de l'usager et non l'inverse.

Tel un vieux logiciel rendu au bout de sa vie utile, l'entreprise traditionnelle est coincée. D'un côté, on retrouve le statu quo qui lui promet un chemin sans encombre *apparent*, donc une illusion qui se fait très rassurante et, de l'autre côté, une nouvelle réalité socioéconomique-numérique apportant des défis, aussi nouveaux que nombreux, qui semblent être hors de portée de son potentiel. Ainsi, les dirigeants et les employés se trouvent confrontés à une nouvelle réalité, plus évidente que jamais, concernant leur manière de faire, de voir et de vivre leur vie professionnelle dans cette entreprise aux allures désuètes.

De grands défis semblent menacer la survie de leur entreprise. Voici pourquoi.

L'entreprise traditionnelle essoufflée

Dans la nouvelle réalité socioéconomique-numérique, le savoir-faire, le talent, l'expertise et les technologies ne peuvent plus, seuls, garantir la réussite prolongée des entreprises. Ces dernières sont exposées à plusieurs menaces qui se présentent sur plusieurs fronts simultanément, dans leur environnement intérieur ainsi qu'extérieur, et doivent revoir leurs vieilles perspectives d'hier et s'adapter rapidement aux nouvelles réalités d'aujourd'hui, sinon ce sera bientôt la fin.

Comme si cela n'était pas suffisant, des organisations d'un type nouveau, des Organisations Conscientes, font leur apparition. Elles ajoutent le savoir-être, un savoir-être de très haut niveau, un Savoir-Être conscient, à leur manière de voir, de faire et de vivre l'entreprise dans le quotidien. L'ADN de ces nouvelles organisations semble d'ailleurs doté d'un avantage concurrentiel difficile à imiter. Ces Organisations

Conscientes produisent des résultats spectaculaires à l'interne comme à l'externe. Elles produisent beaucoup plus de valeur étonnante pour leurs clients, pour leurs employés et pour leurs actionnaires que ne le font les entreprises traditionnelles, ce qui représente une redoutable menace pour la survie même de ces dernières.

Avec l'arrivée de l'Organisation Consciente, et devant les grands changements soufflés par la nouvelle réalité socio-économique-numérique, la raison d'être et l'existence même de l'entreprise traditionnelle sont sérieusement remises en question. Un grand virage s'impose... d'urgence.

Une petite histoire, une grande leçon

Lors de conférences thématiques, je raconte parfois cette petite histoire qui porte en elle une grande leçon, apportant ainsi un éclairage intéressant sur une vérité que vous expérimentez tous quotidiennement, souvent sans le savoir.

Mélia l'abeille

Mélia, l'abeille la plus travaillante d'une ruche du Saguenay, au Québec, entreprenait sa journée de butinage, qui s'annonçait d'ailleurs tout particulièrement prolifique. Les pommiers étaient en fleurs, le soleil réchauffait l'herbe humide de ses chauds rayons et le vent avait vraisemblablement pris congé en ce merveilleux jour de mai.

Pour atteindre le verger de monsieur Gendron, Mélia devait survoler un grand champ labouré et nouvellement ensemencé de maïs. Du haut des airs, Mélia repéra de petites mares d'eau formées par les abondantes pluies de la veille. Assoiffée, elle décida d'y étancher sa soif, sans attendre d'arriver au verger. Boni inespéré, une immense bande de pissenlits bordait le grand champ. Vraiment, la vie était généreuse pour Mélia.

Ce que Mélia ne savait pas, c'est que ce champ contenait du maïs issu de la dernière découverte technologique d'agronomes experts et scientifiques, et les petits grains de maïs colorés en rose étaient enrobés d'une fine couche d'un insecticide de la famille des néonicotinoïdes. Au contact du sol, ils relâchent leur poison, contaminant ainsi les mares d'eau. De plus, les poussières du sol chargées de l'insecticide mortel se déposent sur les pissenlits. Mélia ne savait pas que ces « merveilles technologiques » avaient envahi son jardin botanique.

En ce matin du 18 mai, Mélia, joyeuse, se gorgea d'eau et s'en donna à cœur joie avec les généreux pissenlits. Elle dut revenir à la ruche avant même d'avoir atteint le verger de monsieur Gendron tant la récolte du pollen des pissenlits était abondante. Journée heureuse et mémorable pour Mélia, inconsciente de ce qui était en train de se passer.

Ce fut la dernière journée de travail de Mélia qui, sans le savoir, avait aussi apporté la mort à sa ruche.

Voilà le drame vécu par nombre de dirigeants d'entreprises traditionnelles qui « ne savent pas ». L'échec est pourtant annoncé en grosses lettres majuscules rouges juste là, droit devant leurs yeux, mais ils ne le voient pas, n'ayant pas appris à porter attention à ce genre de messages qui ne peuvent être lus que par des Êtres humains possédant un niveau de conscience un peu plus élevé.

Ceux qui savent et ceux qui ne savent pas

Presque toutes les entreprises traditionnelles ne savent pas ou ne veulent pas savoir. Elles font actuellement l'objet de plusieurs manœuvres d'encerclement de la part de redoutables ennemis, mais elles ne s'en aperçoivent même pas ou ne veulent pas s'en apercevoir. Et puisqu'elles ne le savent pas, elles continuent de vaquer à leurs occupations normales et quotidiennes, ce qui est d'ailleurs très rassurant pour leurs dirigeants.

D'autres dirigeants, les quelques rares sachant et voyant, peuvent facilement observer – incrédules – les exercices d'automutilation répétés que de nombreux dirigeants d'entreprises traditionnelles s'infligent. Ce phénomène peut aussi se constater chez beaucoup d'Êtres humains qui, si seulement ils savaient, pourraient assez facilement métamorphoser leur pénible vie, lourde et souffrante, en une fabuleuse expérience permanente remplie de bonheur, de défis et de réussite. Ils ne demanderaient pas mieux que de redevenir heureux, de reprendre la responsabilité de leur vie et de remettre la réussite dans leur agenda quotidien. Mais, ils ne savent pas.

Pire, il y a ceux qui savent très bien, mais qui ne veulent pas changer. Malheureusement, ces gens font un choix d'adultes et ils devront en assumer les conséquences, tels les fumeurs qui savent, mais persistent dans leur méticuleuse préparation d'une fin de vie difficile.

Un des objectifs majeurs de ce livre est atteint chaque fois que des dirigeants prennent conscience que la survie et la prospérité de leur entreprise sont gravement menacées par d'imminentes attaques simultanées, sur plusieurs fronts, alimentées par des facteurs internes et externes. Mais ces dirigeants qui élèvent, ne serait-ce que temporairement, leur niveau de conscience, sont encore rares. En fait, la plupart des dirigeants ne savent pas. Ils croient que tout est normal et, généralement, ils portent peu d'attention aux clignotants rouges et aux cris annonçant la présence de loups. Ils sont tellement occupés dans l'exercice de leur quotidien qu'aucun espace mental n'est disponible – ne serait-ce qu'un petit instant – pour le recul et la réflexion profonde.

L'entreprise traditionnelle malade et mal préparée

L'immense problème de l'entreprise traditionnelle contemporaine provient notamment du fait que, pendant qu'elle se prépare à relever deux défis gigantesques – soient les menaces provenant de l'extérieur et celles qu'elle s'autogénère à l'intérieur –, sa pitoyable condition de santé ne lui laisse pas beaucoup d'énergie pour la grande bataille ; en effet, elle est faible, malade, épuisée et mal préparée.

Comme si ce n'était pas suffisant, elle est profondément ancrée sur des assises du passé qui affectent énormément sa capacité à comprendre la nature même de la menace extérieure. Pire encore, elle a perdu le recul nécessaire qui lui aurait permis d'évaluer le piteux état de sa propre condition intérieure. En fait, elle croit qu'elle se connaît bien, mais le regard qu'elle porte sur son environnement intérieur est embué par sa difficulté à voir la réalité telle qu'elle est. Ne voyant pas les défis urgents se dresser devant elle, ses dirigeants et employés se comportent *normalement*, fonçant à pleine vitesse sur le mur de la nouvelle réalité.

Lorsque je constate le bas niveau du réservoir d'énergie vitale de l'entreprise traditionnelle, ça me fait penser à une armée mal nourrie, fatiguée et démoralisée, à qui on vient de donner l'ordre d'attaquer un ennemi mieux entraîné, en grande forme et très motivé. Si je pouvais résumer en seulement quelques phrases les nombreux témoignages que nous recevons de dirigeants, directeurs, superviseurs, gestionnaires et employés clés, je le ferais ainsi : *Je suis inquiet concernant mon avenir et celui de mon entreprise. Je ressens beaucoup de fatigue à force de vouloir réussir dans tous les aspects de ma vie professionnelle et personnelle. Je vis en mode « débordement perpétuel » et le seul fait de voir tous ces dossiers s'accumuler sur mon bureau me décourage. Je ne comprends plus où je me situe par rapport à la réalité tellement je suis perdu au milieu d'une forêt de stimuli. Je me sens déboussolé par la variété et la quantité de défis qui semblent, chacun, dépasser mes forces et ma compétence. Sans parler de mon environnement de travail et de ma vie personnelle, notamment familiale, qui se dégradent sans cesse. Je sens parfois que je suis un imposteur et que je ne mérite pas d'être ici. J'ai perdu mes deux meilleures amies : la confiance en moi et ma passion.*

Albert Einstein ne disait-il pas que c'est à partir d'une simple idée, elle-même issue de son intuition, qu'est né le concept de la relativité, et tout cela sans aucun lien avec son talent ou son savoir-faire de physicien ? Mais comment l'intuition, les idées et la créativité peuvent-elles foisonner dans des entreprises affaiblies par des conflits permanents, des dysfonctionnements aberrants à tous les niveaux hiérarchiques et ayant à leur bord des employés et dirigeants fatigués, voire épuisés ? Comme si ce n'était pas suffisant, tout ce chaos se déroule au beau milieu d'un environnement de travail contre-productif qui mine les efforts requis pour l'atteinte d'objectifs exigeants, plutôt que d'y contribuer.

Alors, une question émerge : comment cet environnement toxique peut-il générer de la valeur à plein potentiel ? Intuitivement, on sait tous qu'un Être humain malheureux est moins apte à produire de la valeur qu'un autre qui est heureux, équilibré, passionné, motivé, mobilisé et engagé. Alors, qu'attend-on pour mettre en place un environnement de travail qui favorise l'*état de grâce* ?

L'entreprise traditionnelle menacée

Si la tendance se maintient, des milliers d'entreprises, comme la vôtre, pourraient se retrouver plus tôt que prévu au cimetière des réussites éphémères, faute d'avoir été capables de répondre d'une façon appropriée à deux menaces d'une ampleur «tsunamique» qui s'apprêtent à fondre sur elles. Ces menaces se présentent à un fort mauvais moment puisque la plupart de ces entreprises sont, de surcroît, affaiblies par trois plaies infectées, toutes superbement synchronisées et finement intriquées, qui les dévorent de l'intérieur:

Menaces

1. Venant de la gauche, une nouvelle réalité socioéconomique-numérique qui apporte des changements fréquents, rapides et profonds;

2. Venant de la droite, l'émergence d'une redoutable concurrence d'un nouveau type qui attire les meilleurs talents et les meilleurs clients.

Plaies

1. À l'avant, la rigidité et le style de gestion en mode «savoir»;

2. À l'arrière, des hiérarchies verticales, inefficaces, déshumanisées et désuètes;

3. En dedans, des conflits, des dysfonctionnements, un environnement de travail malsain et des Êtres humains malades, fatigués et déboussolés.

Étant donné sa piètre condition humaine et organisationnelle, l'entreprise traditionnelle n'a aucune chance de survie devant la montée en force d'une nouvelle énergie appelée l'*Organisation Consciente,* cette dernière s'apprêtant à envahir, assez facilement d'ailleurs, ses domaines d'affaires.

Disons les vraies choses : l'entreprise traditionnelle, telle que nous la connaissons aujourd'hui, s'apprête à disparaître !

Voilà pour le drame qui se joue en arrière-plan pendant que vous lisez ces lignes.

Chapitre 2

L'entreprise traditionnelle et son environnement extérieur

Toutes les entreprises doivent composer avec des défis, souvent très surprenants, qui se présentent habituellement sans crier gare, et dont la provenance est très variée. Des stimuli de toutes sortes viennent *challenger* l'entreprise, ses dirigeants et employés, dans leur capacité à répondre adéquatement et à s'adapter rapidement aux nouvelles réalités.

Dans les lignes qui suivent, trois défis plutôt menaçants sont dévoilés. Chacun d'entre eux est d'ailleurs capable à lui seul de neutraliser complètement les efforts de l'entreprise dans l'exécution de son plan d'affaires. Les voici donc.

Changements rapides, fréquents et profonds

« Personne n'aime écouter le messager porteur de mauvaises nouvelles », dit Sophocle dans *Antigone*. Bien que d'apparence pessimiste, ce livre-ci dévoile une excellente nouvelle : les entreprises qui sauront s'adapter et changer de perspective, notamment en remettant la dimension humaine tout au haut de la liste de leurs priorités stratégiques, réussiront extraordinairement bien dans le nouvel espace organisationnel qui émerge à l'horizon. Concernant celles qui opteront pour le statu quo, on pourra éventuellement lire sur Wikipédia l'histoire de leur bref passage dans le monde des affaires.

Porteur d'un message à la fois « choc », audacieux et enthousiaste, ce livre vous apporte un éclairage inédit permettant non seulement de sauver votre entreprise d'un destin qui semble déjà cruellement programmé, mais surtout de faire mentir la fatalité annoncée et de vous permettre de monter sur le podium des gagnants en cette période de turbulence sans précédent qui frappe, sans distinction aucune, les petites, les moyennes et les grandes entreprises.

Les grandes théories économiques et les modèles de gestion des dernières décennies seront de plus en plus mis à rude épreuve par des mouvements sociaux, économiques et techniques qui continueront de se déployer à une vitesse surprenante. D'ailleurs, plusieurs prédisent déjà la fin des grandes écoles d'enseignement telles qu'on les connaît aujourd'hui, ces dernières étant confrontées à l'attrait des abondants contenus de qualité disponibles sur le web.

De plus en plus de dirigeants d'entreprises commencent à réaliser que la dimension humaine, l'intuition et l'ouverture aux idées nouvelles, doivent redevenir les outils privilégiés de la gestion stratégique et tactique de l'organisation contemporaine. Oui, bien sûr, le savoir-faire, le talent, la maîtrise des techniques et des technologies, tout cela est très important, **mais ce n'est plus déterminant !**

Les changements étourdissants – par leur fréquence, leur vitesse et leur profondeur – consomment énormément l'énergie vitale des entreprises. Ces changements sont aussi des vecteurs de stress et d'anxiété importants pour les Êtres humains œuvrant dans les entreprises. D'ailleurs, la productivité et la création de valeur sont les premières victimes de ces états énergivores situés en amont de presque toutes les maladies dites « professionnelles ».

Qui peut nier que cette odeur ambiante empeste les relations de travail et décourage les dirigeants, même les plus motivés. Le sentiment d'impuissance prend du galon dans la hiérarchie des émotions énergivores les plus en vogue. Le doute s'installe et la confiance en soi disjoncte dans les environnements de travail sous pression.

Quelque chose de gros et de puissant semble rugir à l'horizon. Auparavant, les changements se produisaient lentement. Une génération passait, le temps que les changements soient absorbés par les entreprises, laissant tout l'espace nécessaire à l'adaptation, même pour les plus réticentes. Et, alors, un nouveau changement pouvait surgir, et ainsi de suite. Ça, c'était *avant*, lorsque le iPod n'existait pas encore.

De nos jours, les changements ne s'annoncent plus : ils se produisent ! Ils sont nombreux, fréquents, rapides et de plus en plus profonds. L'arrivée de l'ère numérique représente LE grand changement du nouveau siècle. Google, Apple, Facebook, Uber, Airbnb, les Fintech et de très nombreux autres exemples que l'on a tous en tête, devraient suffire pour convaincre les plus sceptiques que le statu quo est devenu insupportable. Une entreprise traditionnelle ayant l'instinct de survie, même minimal, ne peut ignorer ces nouveaux environnements qui changent littéralement les règles du jeu. Elle devra investir d'importantes sommes d'énergies pour s'adapter rapidement et ainsi éviter la défaite.

Une nouvelle réalité socioéconomique-numérique

Sous la loupe du numérique, l'économie et la finance se métamorphosent à la hâte. Une autre menace ou plutôt une opportunité ? Probablement un équilibre entre les deux, à vous de décider. Cependant, plus l'entreprise résiste ou tarde à s'adapter, plus elle utilise une énergie vitale qui ne sera plus disponible lorsque viendra le temps de créer de la valeur étonnante.

Dans le domaine de la finance, la fréquence, la profondeur et la vitesse des changements sont phénoménales. Les personnes plus âgées sont étourdies. Les plus jeunes trouvent ça *cool*. La majorité des opérations financières sont maintenant disponibles *en ligne*. Beaucoup de jeunes de la dernière génération ne sont même jamais entrés dans une banque.

Les institutions financières veulent rapidement mettre leurs méthodes comptables et d'autres processus financiers au diapason des nouvelles technologies, et tout cela crée du stress et demande d'immenses efforts aux Êtres humains dissimulés derrière les applications numériques et les guichets électroniques.

Pour la plupart des consommateurs, les avantages du numérique appliqué à la finance semblent toutefois dépasser les quelques inconvénients. Cependant, pour les entreprises œuvrant dans le domaine financier, l'heure est à la vigilance extrême, à la peur et au doute. Une perturbation apparaît sur l'écran radar. Personne ne l'avait vue venir. Il s'agit d'une masse informe, comme un gros nuage web, qui contient des centaines d'applications numériques dont le nombre augmente d'une façon fulgurante chaque mois. La plus impressionnante, non pas par son ampleur, mais par le signal révolutionnaire qu'elle envoie, se nomme Fintech. Elle s'approche rapidement, telle une tornade en formation, générant un immense sentiment d'impuissance dans la communauté de la finance qui observe son impressionnante croissance annuelle dépassant les 50 pour cent. Prises de court, certaines sociétés financières investissent elles-mêmes dans les Fintech afin d'apprendre ce qui se passe avant qu'il ne soit trop tard. Ces investissements précipités, alimentés par la peur, renforcent l'*inconnu* Fintech et contribuent à stimuler les propulseurs responsables de sa verticale ascension. «*If you can't beat them, join them!*», vocifèrent l'impuissance et la résignation. Le ventre gonflé du cheval de Troie numérique vient d'expulser un autre monstre, sans prédateur connu celui-là.

La mondialisation

Côté économie, c'est le raz-de-marée. La mondialisation a créé un vaste et profond mouvement en promettant aux populations de la planète un accroissement important de leur niveau de vie. Le débat est toujours en cours et les conclusions commencent à indiquer que, pour plusieurs, les dommages semblent vouloir rattraper les avantages encore virtuels. Les entreprises se trouvent ici devant des choix très difficiles : ou elles s'adaptent et tentent de rejoindre la fanfare de la mondialisation, ou elles se replient et la regardent passer. Dans les deux cas, l'inquiétude et le désarroi frappent de plein fouet des dirigeants déchirés.

Il n'y a pas de « bonne » ou « mauvaise » réponse à ce phénomène mondial déjà hors du contrôle des nations. Beaucoup de femmes et d'hommes sains d'esprit, pères et mères de famille, et provenant de toutes les couches de la société, s'interrogent sur les bienfaits réels et concrets reliés à l'exportation de leurs emplois souvent bien rémunérés vers d'autres pays. Ces gens savent très bien que les bas prix « agréables » affichés sur les produits qu'ils consomment s'expliquent en grande partie par les salaires de crève-faim et les mauvaises conditions de travail qui sont imposés à des pères et des mères de famille établis dans des pays en voie de développement. Malaise.

De grandes entreprises multinationales et prestigieuses se font fréquemment reprocher les piètres conditions de travail des Êtres humains travaillant pour leurs sous-traitants véreux. De beaux produits qui font la fierté de la société occidentale sont tachés de sang et de sueur dans l'indifférence quasi totale des consommateurs assoiffés de nouveautés technologiques à la mode et à bas prix. Malaise.

Les chemins boueux de la mondialisation se dévoilent graduellement à mesure que les rideaux se lèvent et que les images satellites permettent à la réalité de se révéler dans toute sa vérité. Les immenses avantages du début commencent à mettre en lumière les motivations profondes qui ont mené à la création de cette mécanique commerciale machiavélique qui consiste à faire fabriquer des produits par les nouveaux esclaves contemporains afin de cacher l'inflation qui menace l'économie des pays riches ; sans parler de la mondialisation qui permet à plusieurs multinationales d'engranger des profits records au détriment de leurs propres clients locaux – leurs anciens employés, en fait – qui ont, eux, perdu leur emploi, et n'auront bientôt plus les moyens d'acheter lesdits produits.

Le bulldozer internet

La venue d'internet et du numérique n'apporte pas que des bonnes nouvelles. Lorsque nous demandons à des acteurs majeurs du domaine des affaires ce qu'ils pensent d'internet, une écrasante majorité de dirigeants ne souligne que ses bienfaits. L'illusion est réussie, personne n'ayant remarqué le loup déguisé en brebis.

Bien sûr qu'internet représente un nouvel outil très intéressant pour l'entreprise. De nouvelles applications prometteuses proposent de propulser les ventes vers de nouveaux sommets et de faciliter les échanges avec les fournisseurs, employés et clients. Internet donne aussi un accès instantané aux marchés mondiaux. Wow! Le succès est à portée de main! Voilà pour l'optimisme.

Côté pessimisme, veuillez noter que *votre* solide clientèle, *votre* territoire et *vos* parts de marché d'«avant internet» sont maintenant à portée de tir de vos concurrents, que vous ne connaissez probablement même pas encore! Le compétiteur du cinéma du coin n'est d'ailleurs plus l'autre cinéma situé à l'autre bout du village: c'est Netflix! Le nouveau compétiteur de Honda, ce n'est plus seulement Toyota: c'est une *nouvelle conscience environnementale* qui trouve preneur chez les plus jeunes. Et votre nouvel adversaire, à vous, prend la forme d'une entreprise dont vous ignorez l'existence même et qui, grâce à internet, vous observe, vous étudie et analyse, tout discrètement, vos manières de faire afin d'identifier vos clients qui, eux non plus, ne connaissent encore rien de ce nouveau fournisseur potentiel. Muni de son «télescope internet», ce dernier se prépare silencieusement à envahir votre territoire.

Comprenez bien que ce n'est pas ce «méchant» concurrent qui ira personnellement frapper à la porte de vos *jusqu'ici fidèles* clients, mais ce sont plutôt ces derniers qui iront lécher son impressionnante vitrine internet qu'ils auront tôt fait de découvrir, depuis le confort de leur bureau ou de leur foyer, grâce à Google dont vous bénissez pourtant les bienfaits. Voilà l'autre côté de la médaille d'internet.

Chose surprenante, il y a un *troisième côté* à la médaille, facette que certains voient comme une mauvaise nouvelle, quoiqu'à mon avis elle soit plutôt excellente. Internet vous permet maintenant, à vous aussi, d'aller voir ce qui se passe ailleurs. Dès lors, vous aussi êtes en mesure de faire l'inventaire de l'offre, semblable à la vôtre, présente sur la grande toile. Vous découvrirez peut-être d'autres entreprises – voisines ou lointaines – ayant réussi des percées technologiques tellement novatrices que vos propres produits et services vous semblent soudainement désuets : « De grâce, arrêtez ce supplice ! » me lancez-vous, sueurs froides dans le dos ! Mais rassurez-vous, vos clients n'ont pas encore découvert ce nouveau fournisseur potentiel... pour l'instant du moins.

S'agit-il d'une bonne ou d'une mauvaise nouvelle ? C'est selon. Le fait d'apprendre par votre médecin lors d'un examen médical routinier que vous êtes atteint d'une maladie peut être vu comme une bonne nouvelle dans la mesure où cela vous permet d'entreprendre, sans plus tarder, des traitements capables d'apporter la guérison. Ainsi, le fait de *savoir* est certainement très bénéfique dans les circonstances.

Du point de vue d'une entreprise traditionnelle, l'angle « mauvaise nouvelle » trouvera des adeptes, surtout parmi les amoureux du statu quo et des partisans du *Home Sweet Home* puisque la peur du changement et la résistance à l'effort qui les habitent remportent presque toujours la joute *illusion contre réalité*. Voilà pour le bulldozer internet.

Disparitions et naissances en rafale

Il y a quelques années, le dirigeant d'une très jeune entreprise en démarrage alors encore largement méconnue du grand public se présenta chez un géant du domaine du divertissement et proposa l'idée d'offrir du cinéma en ligne, sur internet. Le dirigeant de la grande entreprise se tourna vers le jeune homme aux idées *utopiques*, le regarda et déclina son offre. Le géant était alors en position de quasi-monopole dans son domaine et générait des centaines de millions de dollars de profits annuellement. On était en l'an 2000 et internet à haut débit n'en était qu'à ses premiers balbutiements. Comment pouvait-on imaginer qu'une super riche et toute-puissante entreprise puisse s'intéresser au projet d'une naïve nano-entreprise dirigée par quelques « jeunes rêveurs » aussi candides qu'infortunés ?

Le jeune homme, dirigeant de la nano-entreprise, ressentit une énorme déception ce jour-là, mais n'abandonna pas. Il croyait fermement à son idée futuriste. Il fit donc appel à des capitaux de risque et reçut rapidement, à sa très grande surprise, une réponse enthousiaste. Netflix venait de naître. Quelques années plus tard, le géant Blockbuster déclara faillite.

L'histoire récente foisonne de cas de grandes entreprises traditionnelles qui se sont fait damer le pion par moins riches, mais plus audacieux et plus intuitifs qu'elles. Dans tous les cas, les perdantes n'ont pas été capables de sortir de leur petite boîte conceptuelle dans laquelle elles se sont graduellement enfermées à force de cultiver le passé. Pourtant, lorsqu'elles étaient encore toutes jeunes, elles fonctionnaient en mode « apprendre », mais, en grandissant, elles ont graduellement délaissé cette manière de faire et ont éventuellement opté pour le mode « savoir » dans lequel elles se sont hermétiquement enfermées.

Il y a de nombreux exemples où l'entreprise dominante a dû céder le pas à une plus petite concurrente aux idées nouvelles. Pourtant, l'entreprise alors dominante avait des atouts extraordinaires : des chercheurs aguerris, des capitaux surabondants, impressionnante quantité de brevets encore inutilisés, des laboratoires modernes, une renommée sans faille, et j'en passe. Mais, semble-t-il, ses difficultés à s'adapter aux changements l'ont emporté sur ses fabuleux atouts. Ces entreprises, grandes et impressionnantes en apparence, sont aujourd'hui disparues, tout comme les Eastman Kodak, IBM – fabricant d'ordinateurs, DEC et Northern Telecom, par exemple, qui n'ont pas su répondre adéquatement aux changements de direction imposés par la nouvelle réalité socioéconomique-numérique.

Infobésité, données éphémères et marchés fragiles

Les dirigeants d'entreprises voient généralement d'un bon œil l'arrivée massive des nouvelles technologies. Et ils n'ont pas tort dans la mesure où ces dernières contribuent positivement à l'accroissement de la productivité et de la créativité. Cependant, pour en bénéficier pleinement et en toute sécurité, l'entreprise doit rapidement s'adapter à ces nouveautés. Elle doit bien comprendre tous les impacts que les nouvelles venues imposeront sur ses opérations. Tel un cheval de Troie, beau et impressionnant à première vue, la nouvelle technologie se présente souvent comme un cadeau aussi ravissant qu'inespéré; mais attention, il faut la manipuler avec soin, car elle recèle aussi de nombreuses menaces, invisibles au premier regard.

En effet, dès l'ouverture de la porte donnant accès au ventre du grand cheval blanc, une glu informe se déverse sur l'ensemble des entreprises contemporaines. L'imprévu, le déconcertant, l'intempestif et le déroutant prennent position à la faveur de la nuit: la nouvelle technologie menace l'intégrité des systèmes informatiques et devient aussi une très importante source de distraction pour les dirigeants et les employés; l'information sensible devient mobile; certains processus traditionnels deviennent désuets sans crier gare; les compétiteurs changent de nom et de visage sans vous en aviser; vos fournisseurs vous délaissent sans donner d'explications, et vos clients en savent soudainement plus que vous sur vos propres champs d'expertise. Finalement, des avantages reliés à certaines caractéristiques de votre entreprise – et, encore hier, appréciés par votre clientèle – se transforment en inconvénients majeurs du jour au lendemain. Comme si tout ce qui précède n'était pas suffisant, l'infobésité sature la capacité d'analyse des dirigeants,

Une autre grave menace dont j'ai rapidement parlé dans un chapitre précédent concerne le fait que l'entreprise se retrouve soudainement sous la loupe de ses compétiteurs. Oui, oui, comme un camp de nudistes bien caché en forêt et protégé des regards indiscrets par une immense haie de cèdres opaque qui se voit soudainement survolé par des drones nouvellement offerts sur le marché. Grâce à internet à haut débit, vos compétiteurs peuvent dès maintenant comprendre beaucoup plus facilement votre marché, accéder à vos clients locaux et venir s'amuser dans votre propre terrain de jeu.

Votre entreprise vient peut-être aussi d'investir d'énormes liquidités dans une nouvelle technologie qui deviendra désuète quelques mois plus tard, bien avant que le capital consenti ne soit amorti et n'ait commencé à déverser les dividendes promis. Les investisseurs questionnent, s'inquiètent et se font pressants.

La machine grossit, son embonpoint devient morbide et les gains de productivité se font attendre. Les difficultés à dompter la bête et à optimiser les applications issues des nouvelles technologies alourdissent les processus, puisent dans l'énergie vitale des troupes, plombent la productivité, poussant ainsi les coûts vers le haut.

Un autre défi provient de la difficulté à bien saisir les nouvelles opportunités potentielles offertes par le numérique, car les débouchés commerciaux demandent à être inventés, et les clients sont, eux aussi, sous le choc. Un entre-deux malsain, un ravin entre l'offre de nouvelles applications et la demande pour de nouvelles fonctionnalités, s'installe et embrouille l'horizon commercial. L'inconnu vient hanter le futur.

De plus, des dirigeants entendent parler, pour la première fois, d'une nouvelle concurrence par leurs fidèles clients qui leur demandent un produit ou un service semblable à celui qu'ils viennent de découvrir sur internet. Étonnés et stupéfaits, ces dirigeants réalisent qu'ils se sont fait dépasser par la droite par une nouvelle application numérique tout à fait géniale et offerte à bas prix sur Google Play : entrée imminente dans une zone de turbulence.

Pendant ce temps, les retards à mieux comprendre l'impact des nouvelles technologies sur les opérations, et les difficultés à procéder à une implantation ordonnée de tous ces nouveaux outils – ajoutés à la résistance aux changements et aux difficultés d'adaptation des Êtres humains de l'entreprise –, commencent à se chiffrer, non seulement en termes financiers, mais aussi en quantité de stress et d'anxiété à l'interne.

Un sentiment de perte de contrôle s'immisce dans la confiance en soi, le clignotant du pilote automatique passe du vert au jaune sans qu'on ne sache trop pourquoi. Une impression de débordement permanent s'installe. Les certitudes commencent à céder leur confortable place à l'inconfort et au doute, tous deux alimentés par l'indéfini. De gros nuages noirs survolent le paysage de l'entreprise contemporaine pendant qu'elle traverse les eaux houleuses de la nouvelle réalité socioéconomique-numérique-internet. La survie décide alors de trouver refuge dans la rassurante routine.

Loin de vouloir brosser un tableau exagérément pessimiste, le but de ce livre consiste, notamment, à révéler les contraintes et à mettre en lumière des réalités de la *vraie* vie quotidienne telles que vécues par des centaines de milliers d'Êtres humains qui tentent, tant bien que mal, de surmonter les menaces et de répondre aux défis apportés par le grand vent de la nouvelle réalité contemporaine.

Soyons clairs : n'interprétez pas incorrectement mon message. Je suis émerveillé par les nouvelles technologies et j'en consomme moi-même abondamment et quotidiennement. Elles recèlent d'innombrables cadeaux plus étonnants les uns que les autres. Les applications potentielles vont continuer de nous surprendre chaque jour et à mesure que la vitesse d'internet va augmenter. Cependant, lorsque je rencontre certains dirigeants d'entreprises, je ne peux que constater leur désarroi devant leur sentiment de perte de maîtrise dans la direction de leurs affaires tant les changements technologiques, sociologiques et humains sont fréquents, profonds et rapides. Les désavantages semblent, finalement, écraser massivement les gains apportés par ces belles nouveautés technologiques. Voilà mes humbles observations que je nomme la *réalité* !

Mais, soyez patients, l'horizon tourne au bleu dans les chapitres suivants. Vous verrez que le concept de l'Organisation Consciente donne aux dirigeants et employés de puissantes solutions de rechange leur permettant de se dégager des distractions que sont les conflits et les dysfonctionnements. Ils pourront alors porter toute leur attention et leur génie exactement là où ça compte vraiment, libérant ainsi une énorme quantité d'énergie vitale d'où jailliront la créativité, la passion, la motivation, la mobilisation et l'engagement, permettant ainsi de relever avec force les défis de la nouvelle réalité socioéconomique-numérique.

Domination du court terme

L'entreprise traditionnelle n'a plus le temps de créer du nouveau. Elle n'a plus le temps d'inventer et de faire le nombre d'essais et erreurs nécessaires pour apprendre. Ses actionnaires encouragent les dirigeants à *ouvrir le ventre de l'oie aux œufs d'or* dans l'espoir de s'enrichir plus rapidement. Or, l'Être humain a besoin d'espace-temps pour alimenter ses réflexions, pour prendre un peu de recul et pour innover. L'entreprise traditionnelle n'a pas de temps à accorder au moyen et au long terme, la cupidité et l'impatience tapant du pied à la porte du profit.

Coincée entre les rouages des pressantes exigences du quotidien et des attentes irréalistes de ses actionnaires impatients, l'entreprise traditionnelle est graduellement devenue myope et craintive, abandonnant ainsi sa passion et son enthousiasme sur le parvis de ses rêves et de ses visions, par manque de temps, d'énergie et d'espoir.

Ainsi, de nombreux dirigeants d'entreprises reçoivent toute mon empathie étant donné leur position inconfortable : ils sont pris en tenaille entre leurs subordonnés désorientés et leurs actionnaires empressés – quand ce n'est pas le banquier, le bourreau. Leur situation me fait penser aux cirques de la Rome antique où les gladiateurs étaient forcés au combat pour amuser la foule : des esclaves mal équipés et sans défense étaient alors jetés en pâture dans l'arène des lions. Voilà l'image qui monte dans mon mental lorsque je visite des entreprises dirigées par des Êtres humains qui dévouent leur vie professionnelle et une grande partie de leur vie personnelle à tenter de réussir leur difficile et parfois impossible mission.

Ces dirigeants sont des hommes et des femmes que la « mythologie contemporaine » tente de dépeindre comme des gens aux énergies infinies ayant une réponse à tout et menant une vie riche et heureuse. Dans la réalité, je constate que nombre d'entre eux sont malheureusement prisonniers du court terme et hypothèquent leur vie personnelle en pariant sur le succès de leur vie professionnelle. Ils testent parfois, *le plus rapidement possible,* le moyen terme – à leurs risques et périls – et ils concluent dramatiquement que le long terme doit appartenir aux philosophies théoriques développées dans les laboratoires de Harvard et du MIT.

Ce sont des hommes et des femmes, pères et mères de famille, dans la plupart des cas, fiers de leurs accomplissements passés et soucieux de donner le meilleur d'eux-mêmes pour la réussite de l'entreprise qu'ils dirigent. Les histoires, dont je suis un confident privilégié, racontent que ces dirigeants sincères et doués sont, aussi, des Êtres humains fragiles. Déchirés par des choix personnels qui les éloignent de l'essentiel, ils prennent toute la mesure de ce qu'ils imposent concrètement à leur famille afin d'atteindre une réussite théorique dans leur vie professionnelle. Plongés dans la nouvelle réalité socioéconomique-numérique sans préparation adéquate, déjà affaiblis par un mode de gestion basé sur des pratiques et perspectives dépassées, ils sont attaqués par-devant, par derrière, par le haut et par le bas, sans pouvoir se défendre. Puisque *ce que les autres pensent d'eux* déterminera la longévité de leur carrière, l'intérêt supérieur de l'entreprise qu'ils président passe souvent, et discrètement, à l'arrière-plan afin de cacher le moyen et le long terme aux actionnaires et investisseurs affamés de résultats rassurants... et, surtout, rapides.

Ces dirigeants savent que leur famille en souffre, que les résultats à court terme ne représentent pas le vrai potentiel de leur entreprise, et que l'*Entreprise,* cette entité vivante et holistique, n'est pas d'accord avec nombre de leurs décisions qui la désavantagent. Ces dirigeants se cachent parfois derrière un personnage de théâtre tant leur mal-être doit être masqué pour éviter la perte de leur prestige et de leurs généreuses *compensations* financières. L'illusion du court terme, telle une baguette magique, leur permet ainsi d'obtenir les compliments de Wall Street et d'oublier que leur vie personnelle a dû être hypothéquée au profit du profit. Ils *savent*,

mais ne veulent pas savoir! Ils ont choisi la route de la reconnaissance, de la notoriété et de la sécurité financière afin de
goûter, le plus rapidement possible, aux incomparables et
savoureuses textures de l'approbation et de l'admiration des
autres.

Pendant ce temps, l'*Entreprise* souffre elle aussi. Elle
encaisse les coups portés à sa pérennité et ces heurts font
mal, car ils atteignent précisément sa partie la plus faible: le
long terme. L'*Entreprise* pâtit ainsi du manque d'attention de
ses dirigeants qui sont débordés en permanence à tenter de
traiter les nouveaux dossiers atterrissant quotidiennement
sur leur bureau et à polir leur image corporative et
médiatique.

Ainsi va la vie à court terme des dirigeants et des entreprises traditionnelles aux prises avec l'impossible mission de
faire miroiter aux actionnaires l'improbable réalité de la
croissance infinie, dont l'échéancier *suggéré* pour atteindre
la cible dorée coïncide normalement avec la prochaine
assemblée annuelle des actionnaires.

Toutes semblables

Vous connaissez la règle d'or du marketing: se différencier
ou mourir. Les entreprises traditionnelles dépensent d'impressionnantes sommes d'argent pour trouver une niche qui
les démarquera des autres. Or, en même temps, elles font ce
que les autres font, de la même manière, avec les mêmes
outils et en même temps. Est-il vraiment surprenant de les
retrouver dans la même vitrine que toutes les autres sans
que personne ne puisse facilement les distinguer les unes des
autres?

Rassurant pour le statu quo, mais inquiétant pour la réussite. Voyez d'un peu plus près la profondeur du drame qui se joue dans les entreprises traditionnelles.

Se démarquer pour survivre

Les entreprises traditionnelles étaient autrefois capables de se démarquer dans de petits marchés locaux ou nationaux. Les moyens alors à la disposition des clients potentiels pour trouver les produits et services desdites entreprises étaient limités : annuaires téléphoniques, bottins marketing spécialisés imprimés une fois l'an, publicités dans les médias et enseignes publicitaires sur la rue. Cette situation présentait quand même certains avantages pour l'entreprise locale puisque ses clients potentiels situés à proximité pouvaient facilement l'identifier. Puisque les méthodes de publicité étaient très limitées par rapport à ce qu'on connaît aujourd'hui, les clients avaient de la difficulté à trouver facilement des solutions de rechange situées à l'extérieur du territoire du fournisseur local habituel, ce qui faisait l'affaire de ce dernier.

Mais depuis que vos clients ont accès à internet à haut débit, ces derniers peuvent *voir* les vitrines web de tous vos concurrents, même celles situées à des dizaines de milliers de kilomètres de votre localité. L'ancienne carte géographique piquée de quelques petits points noirs où l'on pouvait distinguer votre entreprise parmi ses compétiteurs locaux s'est soudainement transformée en un essaim de millions de petits points noirs tout à fait semblables sur la grande carte mondiale. Votre entreprise a virtuellement *disparu* de la carte, fondue dans la masse de l'offre mondiale, tel un petit grain de sable sur la plage. Impossible de distinguer votre entreprise et son offre de produits et services parmi ces millions d'entités similaires regroupées dans un gros nuage noir et informe que l'on nomme le *web* ou la *toile*.

Comme si ce n'était pas suffisant, toutes les entreprises traditionnelles ont acquis à peu près les mêmes connaissances auprès des mêmes institutions d'enseignement. Elles embauchent des gens semblables ayant fréquenté les mêmes entreprises. Elles utilisent les mêmes bassins de main-d'œuvre et adoptent des applications identiques pour trouver leurs perles rares sur le web. Elles font toutes affaire avec les mêmes consultants spécialistes, elles ont accès aux mêmes réseaux de transport et de communications, et elles reçoivent les mêmes offres de financement de la part des mêmes investisseurs impatients. Elles se sont toutes équipées des mêmes méthodes de production ultramodernes, et ainsi de suite.

Bref, toutes les entreprises traditionnelles se ressemblent incroyablement. Il suffirait de changer la couleur des murs et le logo d'une entreprise pour la confondre avec sa voisine concurrente. Voilà le drame : l'extrême difficulté à se démarquer. Voilà qui fait obstacle à la vraie réussite de l'entreprise traditionnelle. Et ce n'est surtout pas en ajoutant de nouvelles technologies ou en recherchant de nouveaux talents extraordinaires qu'elle se sortira de ce cercle maudit puisque, de toute façon, sa concurrente l'imitera de la même manière !

Voilà une très mauvaise nouvelle pour l'entreprise traditionnelle contemporaine. Vivement le besoin de se distinguer remarquablement ! Mais comment ?

Course aux talents, au savoir-faire et aux technologies

En regardant les LinkedIn et Jobboom de ce monde, on peut y apercevoir une masse dense d'entreprises fonçant sur un même espace béni, ce dernier semblant cacher la perle rare. Rapidement, on s'aperçoit à travers le langage utilisé dans les petites annonces que *la course aux meilleurs talents, au savoir-faire et à l'expertise* occupe une place de choix sur l'échelle des priorités de ces entreprises. D'ailleurs, les élans de générosité pour attirer les candidats dont le billet correspond au numéro gagnant tendent à confirmer la véracité de cette impression.

Pour beaucoup d'entreprises traditionnelles, le talent, le savoir-faire et la maîtrise des techniques et des technologies représentent les seuls piliers soutenant leur stratégie pour l'atteinte de la réussite. Bien sûr, sans ces piliers, elles ne pourraient survivre très longtemps. Ils sont très importants, je le reconnais, **mais ils ne sont plus déterminants** pour l'obtention du succès dans la nouvelle réalité socioéconomique-numérique contemporaine.

En effet, un profond cratère sépare les notions de *talent*, de *savoir-faire* et d'*expertise* – que je nomme *structures de première dimension* – de la réussite exceptionnelle effective, cette dernière reflétant le plus haut degré possible de manifestation du plein potentiel de chacun des Êtres humains formant l'organisation. Il manque, en effet, un élément essentiel, voire déterminant, pour engendrer la réussite *exceptionnelle*. Et cet élément fondamental capable de calibrer les attitudes et les comportements dont dépend justement le degré de manifestation du plein potentiel se nomme le Savoir-Être conscient, cette structure de *troisième* dimension qui permet à l'Organisation Consciente de se démarquer *clairement* de l'entreprise traditionnelle en permettant d'élever le niveau de conscience des Êtres humains qui y travaillent.

Malheureusement, la très grande majorité des entreprises traditionnelles jettent leur dévolu sur les structures de *première* et de *deuxième* dimension ; elles font toutes la même chose, en même temps et de la même manière, d'où leurs difficultés à se distinguer les unes des autres. Même la structure de *seconde* dimension, soit l'administration codée, normalisée et hiérarchisée, retient beaucoup plus l'attention des dirigeants et des employés que celle de la *troisième* dimension. Les vrais enjeux de l'entreprise traditionnelle contemporaine ne se situent pourtant pas sur le plan de la gestion des structures de première et de deuxième dimension. Ce qui compte vraiment, ce qui détermine **la vraie réussite à plein potentiel**, celle qui est capable de doter l'entreprise d'un avantage concurrentiel difficile à imiter, provient du facteur humain, cette force immatérielle capable de métamorphoser une excellente entreprise en entreprise exceptionnelle.

Pour de nombreuses entreprises traditionnelles, la contribution de la dimension humaine pour l'atteinte de la réussite en affaires se limite à une série de croyances superficielles et d'interventions puériles. Pendant ce temps, des Organisations Conscientes qui cultivent intensivement le bonheur, le bien-être, la passion et l'enthousiasme se donnent une avance concurrentielle insurmontable devant leurs concurrentes qui, elles, utilisent l'Être humain comme une simple ressource remplie de talents et comme une fonction munie d'un savoir-faire, et qui, en échange d'argent et d'avantages sociaux, accepte d'accomplir des tâches prescrites et normalisées. Le superficiel et l'apparence s'efforcent de projeter l'espoir de la réussite sur le grand écran de l'illusion.

Les « road warriors »

Les « road warriors » sont ces professionnels de grand talent ayant acquis un impressionnant savoir-faire, et qui recherchent sans cesse les meilleures offres salariales, sans toutefois offrir en contre-partie une quelconque intention d'engagement envers leur nouvel employeur temporaire. Comme la plupart des équipes sportives recrutant leurs sauveurs à l'encan du plus offrant, les entreprises traditionnelles misent souvent sur le savoir-faire et le talent pour se propulser au sommet du succès et sont parfois tentées d'emprunter les mêmes raccourcis que certains acteurs du sport professionnel qui, guidés par leur désir de victoires rapides, n'hésitent pas à acquérir du talent vidé de sa dimension humaine. Les «road warriors», ces messies de la nouvelle réalité d'affaires contemporaine, espèrent dénicher le traitement le plus élevé possible afin d'ajouter leur nouvelle conquête – l'entreprise qui les embauche – sur l'échelon supérieur de leur étalage de trophées.

Ces «road warriors» abonnés aux plus offrants écument puis acceptent les propositions les plus alléchantes et, par la suite, recueillent suffisamment de nouvelles informations et expériences chez leur nouvel employeur pour enrichir leur curriculum vitæ… et leur portefeuille. Ces gens ne partagent pas la vision de l'entreprise qui les embauche, et leur niveau de motivation est presque toujours proportionnel au degré de reconnaissance financière qu'ils acceptent, parfois même avec incrédulité.

Dès qu'ils auront fait le plein de nouvelles connaissances, parfois uniques et confidentielles, ils sauront alors que le temps est venu de retourner taquiner le marché dans l'espoir qu'une autre entreprise traditionnelle tombe sous leur charme. Lorsqu'ils quitteront leur employeur cocu et attristé pour se joindre à son concurrent enthousiaste, ils emporteront avec eux une nouvelle expérience et quelques informations précieuses, *âprement* acquises, permettant de justifier leur gargantuesque rémunération auprès de leur nouvel employeur. Ainsi se poursuit la spirale de l'inconscience.

Sans trop s'en rendre compte, les entreprises traditionnelles qui utilisent les services de ces spécialistes du talent et de la connaissance se trouvent à diluer la puissance du peu qui les distinguait des autres en partageant inconsciemment avec leurs concurrents leurs connaissances, aussi uniques que précieuses, par l'intermédiaire de ces «road warriors», ces pollinisateurs des temps modernes.

Peut-être rassurant, mais difficile de se démarquer, de survivre et de briller lorsqu'on est tous semblables!

Émergence d'une redoutable et nouvelle concurrence

Pendant que l'entreprise traditionnelle fait face aux plus imposants défis de son existence provenant de son environnement extérieur, pendant qu'elle tente de survivre et de s'adapter aux changements rapides, fréquents et complexes qui modifient le tracé de ses chemins coutumiers et de ses certitudes édifiées en statu quo, pendant qu'elle lutte contre les structures qui la gardent prisonnière du court terme, pendant qu'elle s'enlise dans une manière de voir, de faire et de vivre qui l'englue dans le passé et lui soutire la plus grande partie de son énergie vitale, une Organisation Consciente légère, souple, habile, extrêmement intelligente, débordante d'énergie créatrice, se profile à l'horizon.

Cette Organisation Consciente ne perd aucune énergie dans les conflits, les dysfonctionnements ou dans les structures hiérarchiques peu productives. L'Organisation Consciente sait qu'un Être humain heureux, enthousiaste, passionné, motivé, mobilisé et engagé est mieux équipé pour accéder à son plein potentiel créateur que lorsqu'il est envahi par des émotions énergivores comme la colère, le ressentiment, le stress, la peur ou l'anxiété. Dans cette organisation d'un nouveau type, les profits ne sont pas considérés comme des objectifs à atteindre, mais plutôt comme des résultats, des conséquences naturelles, dont l'amplitude varie en fonction de la qualité des décisions et des actions effectuées en amont de ceux-ci.

Certains sceptiques affirment que l'*Organisation Consciente* est simplement le fruit d'une jolie utopie, elle-même issue d'une imagination fertile. Pendant ce même temps, d'autres travaillent à implanter concrètement cette puissante et nouvelle perspective de voir, de faire et de vivre l'entreprise et commencent déjà à cueillir les fruits de leur audace et de leur courage. Donc, plusieurs résistent, critiquent et palabrent pendant que d'autres décident, agissent et récoltent.

Lorsque des dirigeants d'entreprises traditionnelles se rencontrent annuellement lors de congrès par exemple, ils se comparent entre eux, ce qui leur permet de cultiver la rassurante illusion de la performance. En effet, les dirigeants échangent avec les autres, partagent leurs expériences, discutent des mêmes difficultés et se font suggérer des méthodes de gestion qui les rendront encore plus semblables.

Puisque toutes ces entreprises traditionnelles constatent, en se comparant entre elles, qu'elles obtiennent des résultats similaires, ce qui est très apaisant pour les egos inquiets, leurs modestes prestations ne laissent rien paraître d'«anormal» et les dirigeants sont heureux d'apprendre qu'ils performent à un niveau comparable aux autres entreprises traditionnelles, la pathétique médiocrité s'étant dissimulée dans le grand bain des similitudes normées.

On comprendra alors que ces dirigeants ne souhaitent pas *voir* la réalité qui ne leur apporterait que désillusions, souffrances, impuissance, soucis, stress, angoisses et peurs. Pourquoi vouloir s'éveiller et souffrir alors qu'on peut dormir et rêver dans le confort de l'illusion ?

L'entreprise traditionnelle, mal équipée et maladroitement dirigée, n'a vraisemblablement aucune chance de gagner la grande bataille de la performance exceptionnelle.

Chapitre 3

L'entreprise traditionnelle
et son environnement intérieur

La destinée de l'entreprise traditionnelle se décide et se construit presque toujours à partir de son environnement intérieur. C'est là que la vision et la mission prennent naissance et se déploient. C'est dans cet espace de vie que les dirigeants et employés s'activeront et tenteront de créer un environnement de travail et une culture d'entreprise qui détermineront en grande partie la capacité de chacun à accéder à son plein potentiel. Mais, c'est aussi là que les conflits et les dysfonctionnements pourront, si on leur en donne l'opportunité, saboter tout ce que je viens d'exposer. Bref, le niveau de qualité de cet environnement intérieur déterminera le degré de succès de l'organisation et sa capacité à relever les défis proposés par son environnement extérieur. C'est là que tout se décide.

Dans les prochains paragraphes, vous reconnaîtrez certains aspects de votre vie professionnelle et personnelle. Vous verrez que le chemin menant à la réussite est trop souvent parsemé d'embûches majeures, ces dernières étant presque toujours banalisées par la routine du quotidien. Peut-être vous demanderez-vous pourquoi l'entreprise traditionnelle en est rendue là, à se vautrer dans ces chemins vaseux, difficiles à parcourir, et comment elle fera pour se sortir de ces conditions insalubres et rebondir vers une nouvelle perspective gagnante ? Je vous invite donc à visiter l'environnement intérieur de cette entreprise traditionnelle, là où se trouvent aussi les solutions lui permettant d'accéder à la réussite exceptionnelle.

Le calme avant la tempête

À première vue, tout est normal, tout est calme. Vous pouvez donc vaquer normalement à vos occupations quotidiennes. Comme chaque matin, les transports en commun s'animent, les routes sont embourbées de véhicules, la ville se réveille, les commerces ouvrent leurs portes à l'heure annoncée sur leur site internet. L'odeur du café envahit les bistros et les bureaux d'affaires. Les uns reviennent de leur travail de nuit et les autres, commencent une nouvelle journée. Les entrepôts et les centres d'expédition accueillent leurs premiers véhicules chargés de produits récemment fabriqués. Des centaines de représentants, de spécialistes en cravates et d'expertes en tailleurs s'affairent chez leurs clients. La porte capitonnée de la grande salle de réunion est ouverte, présage d'une importante rencontre entre « sages ». Voilà, le paysage ne laisse rien entrevoir d'anormal pour ces milliers de salariés et dirigeants se préparant à vivre une autre journée de travail tout à fait semblable à la précédente.

Cependant, en y regardant d'un peu plus près, on s'aperçoit que les Êtres humains semblent fatigués, peu motivés, parfois frustrés et crispés. L'activité bourdonnante de ces environnements de travail apporte une distraction permettant d'oublier temporairement les états intérieurs perturbés de ces Êtres humains fragilisés.

C'est connu, il est pénible de vivre dans un milieu de travail miné par les conflits et les dysfonctionnements. Des Êtres humains plus conscients ne se gênent plus pour constater et dénoncer avec force la dictature de l'incohérence et du profit qui cause d'importants dégâts.

Depuis quelques décennies, de nombreux « experts du bien-être » ont dominé le paysage du savoir-faire et de la connaissance devant mener à des environnements de travail plus sains. Pourtant, les environnements de travail se dégradent sans cesse, et jamais les Êtres humains, dirigeants et employés confondus, n'ont été aussi souffrants.

L'entreprise traditionnelle file à vive allure vers de gigantesques obstacles ; les tableaux de bord ne détectent, pour l'instant, rien d'anormal, ces derniers ayant été conçus à l'époque où les défis de la nouvelle réalité socioéconomique-numérique n'existaient même pas encore. Les obstacles, eux, sont bel et bien réels et ils bloquent la route menant à la réussite. À moins d'une prise de conscience rapide et d'un brusque freinage suivis d'un important changement de direction, la collision semble inévitable. Voyez ce qu'il en est.

L'entreprise traditionnelle à la croisée des réalités

J'ai parfois l'élan de m'excuser auprès de vous, chères lectrices et chers lecteurs, tant les constats semblent chargés de pessimisme. Je crains de vous démoraliser. Je me demande parfois si je ne devrais pas, tout simplement, écrire un joli bouquin orienté vers la motivation personnelle dans le but de vous remonter le moral. Cependant, la mission de ce livre me ramène à mon devoir : dévoiler la réalité, et éliminer le déni afin de vous redonner le pouvoir de choisir votre destinée et d'apporter les changements qui vous permettront de propulser le bonheur et la réussite exceptionnelle, autant dans votre vie personnelle que dans votre vie professionnelle, à des niveaux qui vous sont encore inconnus. Sans les faits bruts, il vous sera difficile de prendre des décisions éclairées ! En devenant amis avec la réalité, vous deviendrez tellement plus forts. Vous me suivez ?

Lorsque comparées à l'Organisation Consciente, les entreprises traditionnelles semblent désuètes dans leurs manières de voir, de faire et de vivre l'entreprise. Leurs méthodes de gestion des finances considèrent le profit comme une finalité plutôt qu'un résultat. D'importantes sommes d'argent et d'énergie sont investies pour recruter les meilleurs candidats possédant un savoir-faire et des talents impressionnants, mais peu d'attention est accordée pour les retenir et les mobiliser une fois embauchés. La direction de l'entreprise publie un plan d'affaires ambitieux, mais les Êtres humains de toute la hiérarchie manquent d'outils et de soutien pour accomplir leur mission. Les attitudes et les comportements des dirigeants sont parfois incohérents avec les valeurs promulguées par ces derniers. Les dirigeants se disent ouverts aux suggestions et aux idées nouvelles, mais ils ne consultent que rarement les employés. Ils affirment reconnaître l'importance de la dimension humaine pour la réussite de l'organisation, mais on ne retrouve aucune mention de celle-ci dans les priorités stratégiques. On veut des employés heureux et productifs, mais, en même temps, on tolère des environnements de travail malsains, pollués par les conflits et les dysfonctionnements.

Bref, les entreprises traditionnelles utilisent des recettes de gestion éprouvées dans les années 1980 et 1990 avec l'illusion que la clé de la réussite d'hier devrait bien fonctionner dans la nouvelle serrure de la réalité contemporaine. Exit la cohérence et la dimension humaine ; la vision est noyée dans l'illusion.

Des Êtres humains fragilisés

Ravagés par la perte de contact avec leur humanité, poussés à donner toujours plus, écrasés par le stress, le doute et l'anxiété, déchirés par une vie personnelle en déroute, les Êtres humains de notre société moderne carburent à l'énergie empruntée à leur santé. Des vies sont hypothéquées sur l'autel de l'ego sans que personne ne se doute de l'impact de ce cirque sur le bonheur et la réussite, autant dans la vie professionnelle que personnelle. Respirez profondément, car les textes qui suivent exposent une lourde réalité que l'on préfère normalement cacher derrière le rideau de la fatalité normée.

Bas moral et cynisme ambiant

Faible contact avec la réalité

De tous les maux dont est affligée l'entreprise traditionnelle en particulier – et le genre humain en général –, le faible contact avec la réalité est certainement le plus délétère. En effet, le bien-fondé des décisions, l'acuité des visions et la qualité des attitudes et des comportements sont presque toujours les premières victimes lorsque la perception de la réalité est déformée par l'illusion : comme un pilote automobile qui verrait une courbe moins prononcée qu'en réalité ; comme un cuisinier dont les papilles enverraient un signal de sucré au lieu de salé ; comme un instrument de musique dont le son produit serait différent du son entendu.

On veut la réussite, mais les actions sont souvent incohérentes avec l'objectif, on souhaite une plus grande productivité, mais on tolère des conflits et des dysfonctionnements qui plombent l'environnement de travail. Rien pour remonter le moral des troupes et pour tonifier positivement l'enthousiasme des créateurs de valeur qui tentent désespérément d'accéder à leur plein potentiel.

Un virus persistant

À part quelques rares exceptions, toutes les entreprises que nous avons visitées depuis 2009 sont porteuses d'un virus persistant : le cynisme.

Beaucoup d'Êtres humains faisant partie de l'entreprise traditionnelle, incluant la plupart des dirigeants, considèrent leur travail comme un outil pour gagner de l'argent afin de pourvoir aux besoins de leur vie personnelle. Dès le lundi matin, ces Êtres humains embarquent dans le *train* qui les amènera – le plus rapidement possible, espère-t-on – au vendredi après-midi. Selon ces Êtres humains, honnêtes et sincères, la *vraie* vie se déroule du vendredi après-midi au dimanche soir !

Un sondage effectué par Christine Porath, professeure associée en gestion à l'Université de Georgetown, à Washington D.C., et mené auprès de 20 000 employés aux États-Unis rapporte que plus de 50 % d'entre eux ne se sentent pas respectés par leurs dirigeants. Inutile de vous dire que cette situation laisse des traces malheureuses et coûteuses pour les entreprises, et c'est habituellement le niveau d'engagement de l'individu envers son entreprise qui est le plus touché. L'engagement sert de fondement à la motivation et la mobilisation. Lorsque profondément engagés envers leur supérieur immédiat et envers leur entreprise en général, les Êtres humains n'hésitent pas à injecter de généreuses doses de leur énergie « discrétionnaire » dans leur quotidien. Dans le cas contraire, ces Êtres humains se conforment minimalement aux prescriptions de leurs fonctions normées et s'arrangent pour passer inaperçus sur l'écran de la médiocrité.

Le cynisme ambiant se nourrit d'inconscience. Voici d'ailleurs quelques aliments préférés de ce dernier :

– Des dirigeants qui laissent les employés dans le noir concernant l'entreprise, sa santé et ses projets, l'information étant bloquée dans quelques bureaux obscurs des étages supérieurs ;

– L'insécurité d'emploi : on demande aux employés de s'engager, mais les dirigeants ne donnent pas l'exemple. À tout moment, sans avertissement, l'employé peut se retrouver sans emploi ;

– De nombreux environnements de travail tolèrent les injustices et le favoritisme ;

– Une charge de travail excessive combinée avec le sentiment d'être sous-payé ;

– Un dirigeant incompétent et *expert* en microgestion ;

– Un environnement de travail dysfonctionnel où pullulent les conflits, la colère, le commérage, l'intimidation, le harcèlement et le mal-être ;

– L'embauche de « road warriors », ces héros de dirigeants trop pressés, etc.

Le cynisme, ce virus plutôt discret, limite grandement la manifestation du plein potentiel de l'entreprise et consomme une importante quantité d'énergie vitale dont l'entreprise aurait pourtant tellement besoin pour simplement survivre.

Absence de passion, de motivation et d'enthousiasme

L'entreprise n'est qu'un *concept*. En fait, il s'agit d'un regroupement d'Êtres humains qui mettent leurs forces en commun au sein d'une entité que l'on nomme *entreprise* ou *organisation*. Dans une équipe sportive, le niveau de la forme physique, mentale et émotionnelle des joueurs détermine en grande partie la force globale de l'équipe. Or, les commentateurs sportifs parlent surtout du savoir-faire, du talent et de l'expertise des joueurs lorsque vient le temps de comparer les diverses équipes. On semble oublier qu'une équipe dont les joueurs sont fatigués, découragés, démotivés, en manque de confiance et malheureux, ne peut produire à son plein potentiel. La comparaison avec l'entreprise traditionnelle est intéressante : des employés et dirigeants d'entreprises dont le moral est à plat ne pourront tout simplement pas accéder à leur plein potentiel et deviendront eux-mêmes rapidement un fardeau pour leur organisation.

Intuitivement, vous savez toutes ces choses. Pourtant, pourtant... les dirigeants de très nombreuses entreprises ignorent – ou font semblant d'ignorer, par manque de temps, d'énergie ou d'intérêt – ces éléments fondamentaux qui affectent grandement la capacité de l'organisation à relever les défis socioéconomiques sans précédent que vous connaissez maintenant, et à contrer la nouvelle concurrence qui s'apprête à envahir son territoire.

Fatigue chronique

Encore une fois, votre intuition et votre discernement suffiront pour comprendre que l'Être humain fatigué – et souvent imprégné jusqu'aux os d'un sentiment de débordement perpétuel – ne sera pas aussi efficace au travail que celui ayant un physique et un mental frais et dispos. C'est assez facile à comprendre pour tout Être humain de bonne volonté !

Pourtant, dans nombre d'entreprises traditionnelles, sinon toutes, les gens cultivent une ferme croyance à l'effet qu'il est *normal* que les dirigeants et autres employés clés ressentent de la grande fatigue et un sentiment de débordement perpétuel : « Ils ont tellement de grandes responsabilités », disent-ils. Ces gens, honnêtes et sincères, qui réfléchissent ainsi vous diront qu'ils comprennent parfaitement les effets désastreux de la fatigue et du sentiment de débordement sur la performance, mais, malgré ces belles paroles, personne n'offre de soutien à ces Êtres humains en perte d'énergie et peu de gens travaillent à trouver une solution permanente pour éliminer ces obstacles freinant, voire bloquant le déploiement du plein potentiel. C'est comme si vous saviez que le pompiste près de chez vous ajoute un peu d'eau dans l'essence de votre auto et que vous continuiez d'y faire le plein, sans prendre les moyens nécessaires pour faire cesser cette pratique dommageable pour la performance et la *santé* de votre auto.

Le raisonnement est encore plus dysfonctionnel dans certaines entreprises traditionnelles : la fatigue est perçue comme un indicateur du niveau d'efforts déployés par les dirigeants ou employés clés. Un jour, une employée hyper performante, mais sur le point de s'effondrer, m'a confié qu'elle se sentait coupable de quitter le travail à l'heure « normale ». Lorsque son médecin lui demanda de prendre un peu de repos, elle décida, enfin, de partir *à l'heure*. Les autres employés la regardèrent alors comme si elle les trahissait. Les dirigeants donnaient d'ailleurs eux-mêmes le *mauvais* exemple en faisant fréquemment des heures supplémentaires. Voilà un modèle d'environnement de travail malsain où l'inconscience et l'illusion empêchent l'entreprise de performer à son plein potentiel.

La fatigue chronique représente toujours, sans exception, un redoutable obstacle sur le chemin de la réussite et de la performance. Quels sont vos plans pour éliminer cette fuite d'énergie vitale qui empêche les meilleurs créateurs de valeur d'accéder à leur plein potentiel ?

La peur et le doute

Serez-vous d'accord si je qualifie la peur et le doute d'assassins de l'intuition et de l'innovation ? Il y a heureusement des gens qui sont munis d'une impressionnante capacité à résister aux assauts de la peur et du doute. Ils vont jusqu'au bout sans fléchir, en retenant constamment les leçons de leurs erreurs. Sir Winston Churchill et Charles de Gaulle, qui auraient pourtant eu d'excellentes raisons de succomber à la peur et au doute durant la Deuxième Guerre mondiale, sont des exemples d'Êtres humains qui ont choisi le courage et la confiance en soi. On pourrait aussi citer le nom de grands inventeurs qui n'ont jamais abandonné leurs recherches malgré des échecs répétés. Dans votre propre vie professionnelle et dans votre vie personnelle, la peur et le doute tentent régulièrement de saper votre génie créateur, parfois avec succès, causant ainsi de réels dommages à vos rêves les plus précieux.

La peur et le doute étouffent la confiance en soi. Or, cette dernière – lorsque libérée et en pleine effervescence – offre un extraordinaire terreau d'accueil à l'intuition et à l'imagination, puissants moteurs de l'invention et de la création étonnante. Les psychologues vous diront que les toxines du doute et de la peur prennent souvent naissance dans les familles, lorsque l'enfant est en très bas âge. Eh oui, les premières expériences malhabiles entraînant les reproches de parents, simplement inconscients, ouvrent souvent la porte à ces deux poisons de l'esprit. Dès que ces derniers prennent place dans le mental, ils déploient de malicieux filtres dont le rôle premier est de stopper l'intuition et les initiatives exaltantes. Le cerveau, ébranlé par le souvenir des désagréables conséquences reliées aux *maladresses* du passé, tente de rétablir une ambiance de sécurité en injectant une bonne dose de statu quo, ce qui aura tôt fait d'éloigner le risque et l'inconnu de l'espace de vie rassuré.

Dans l'entreprise traditionnelle, il y a peu de place laissée au risque, à l'erreur et à l'apprentissage. Les résultats qui ne sont pas conformes aux attentes sont immédiatement perçus comme des erreurs ou des faiblesses, et leurs auteurs reçoivent les sanctions déjà prévues dans les protocoles codifiés de l'entreprise.

Voilà une très mauvaise compréhension de la genèse de l'invention en général et de la dynamique de la création de valeur où les erreurs et les échecs ont toujours été des passages obligés sur la route des plus grandes inventions. Voyez ce qu'ont accompli Steve Jobs, Walt Disney, Henry Ford, Mark Zuckerberg et Larry Page, ainsi que d'autres formidables innovateurs que vous connaissez dans votre environnement. Pour accéder à l'univers de la réussite, ils ont dû accepter les erreurs et les échecs, ces derniers recelant quelques informations cruciales permettant d'accéder à l'univers de la réussite exceptionnelle.

Une organisation qui cultive – la plupart du temps bien inconsciemment – la peur et le doute ne peut espérer relever avec succès les nombreux défis de la nouvelle réalité socioéconomique-numérique qui s'abat sur le paysage d'affaires contemporain. La peur et le doute neutralisent les cerveaux, l'intuition et l'audace alors qu'on n'a jamais eu autant besoin de leur contribution à leur plein potentiel. À cause des coûts prohibitifs qu'ils engendrent, la peur et le doute se hissent naturellement au rang d'ennemi numéro un de la créativité étonnante.

Les Êtres humains, vivant quotidiennement avec la peur et le doute surplombant leur environnement de travail, deviennent rapidement fragilisés, prudents et inquiets. Dans ce contexte, impossible pour eux d'accéder à leur plein potentiel, une grande partie de leur énergie vitale étant aspirée par le besoin de survie et la crainte de commettre une erreur.

Continuons la lecture avec la présentation d'autres fuites d'énergie qui affaiblissent la capacité de l'entreprise à créer de la valeur étonnante à plein potentiel.

Le stress et l'anxiété

J'ai vécu une importante partie de ma vie entre stress et anxiété. Mes pires nuits se résumaient à six périodes de 45 minutes de sommeil léger alternant avec de désagréables réveils provoqués par des cauchemars ou par des draps mouillés par la sueur. Beaucoup de choses, même celles qui semblaient les plus banales, me stressaient et m'épuisaient ; en trame de fond, une angoisse permanente dont l'intensité variait selon les circonstances de la vie.

Avec le recul, je revois clairement combien j'étais alors inefficace pour insuffler le bonheur et la réussite, autant dans ma vie personnelle que dans ma vie professionnelle. Mais, ça ne paraissait pas ; personne ne le remarquait, car mon niveau de performance était, malgré tout, très adéquat. Je sais que ma vie aurait été tellement plus heureuse et plus performante si elle n'avait pas été habitée en quasi-permanence par ces états énergivores débilitants.

Les Êtres humains expérimentant le stress et l'anxiété ne peuvent contribuer à plein potentiel, car leur mental n'est pas disponible dans cet espace que l'on nomme le *Moment Présent*, celui-ci étant plutôt préoccupé par *ce qui pourrait se produire* dans le futur. Aviez-vous déjà observé ce phénomène ? C'est, effectivement, seulement lorsque le mental se tourne vers le futur que le stress, l'angoisse et l'anxiété peuvent émerger. Faites-en vous-mêmes l'expérience.

Le dirigeant stressé et l'employé clé angoissé ne peuvent performer à la hauteur de leur talent. Écoutez simplement ce que disent les golfeurs professionnels ou les plongeurs olympiques : le stress est un redoutable ennemi, car il bloque l'expression normalement fluide et naturelle du savoir-faire et du talent.

Dans la plupart des entreprises traditionnelles, on ne se préoccupe guère de la vie personnelle des employés et des dirigeants malgré que l'on sache que les états énergivores reliés au stress, à l'angoisse et à l'anxiété contamineront leur vie personnelle, ce qui, en retour, affectera négativement leur vie professionnelle.

Et les coûts ? L'argent s'envole et l'énergie vitale s'enfuit pendant que les nouveaux défis avancent et menacent.

Les émotions énergivores

L'Être humain propulsé par le bonheur, la passion et l'enthousiasme est naturellement plus enclin à donner le meilleur de lui-même et à offrir de généreux efforts discrétionnaires que celui qui est malheureux, souffrant et démotivé. Voilà une *vérité de La Palice*. Or, dans l'entreprise traditionnelle, la dimension humaine est, la plupart du temps, évacuée de l'ensemble des politiques organisationnelles et, bien sûr, du plan d'affaires.

Lorsque je rencontre des dirigeants d'entreprises traditionnelles, ma surprise va d'étonnement en étonnement lorsque je constate que rien n'est mis en place pour éliminer les souffrances du milieu de travail, malgré le fait que ces mêmes dirigeants savent, intuitivement, que l'individu souffrant ne peut contribuer à son plein potentiel à la réussite collective. S'il fallait que les dirigeants apprennent qu'une de leur précieuse et nouvelle machine haute technologie fonctionne au ralenti, ils s'empresseraient de téléphoner au manufacturier afin qu'un technicien soit immédiatement dépêché pour réparer l'inestimable génératrice de profits! Pourtant, ces mêmes dirigeants tolèrent – et nourrissent parfois – un environnement de travail qui encourage, voire crée, des situations propices à la manifestation d'émotions énergivores, ces états intérieurs où la colère, le ressentiment, l'inquiétude, la frustration, la peur, le stress et l'anxiété viennent drainer les énergies vitales dont l'Être humain a pourtant tellement besoin pour pouvoir accéder à son plein potentiel.

Parmi les nombreux déclencheurs d'émotions énergivores, citons quelques exemples qui proviennent de l'environnement extérieur de l'individu: les conflits, les attitudes et les comportements irrespectueux, les injustices, les politiques confuses, le manque de reconnaissance, les environnements malsains physiquement et psychologiquement, et les relations interpersonnelles de faible qualité. Il y a aussi des éléments déclencheurs provenant de l'environnement intérieur de l'individu, comme une faible confiance en soi, le doute, la susceptibilité, des souffrances lointaines remémorées, le manque d'amour de soi, le ressentiment.

Ces Êtres humains dont le mental est saturé de pensées négatives sont fragilisés. Leur moral est parfois très bas et le cynisme ambiant altère la qualité de leur contribution au travail. En d'autres mots, ils sont malheureux silencieusement. Ils ne peuvent tout simplement pas accéder à leur plein potentiel. De ce fait, leur contribution à la réussite de leur organisation sera probablement faible, voire négative.

Les coûts s'accumulent pour l'entreprise traditionnelle peu habituée à porter attention à ces subtilités de la dimension humaine. Entreprises fragilisées en vue. Et, comme si le vase n'était pas déjà assez plein, d'autres souffrances – mieux dissimulées – complètent le grand tableau des pertes d'énergie et des coûts qui continuent de s'accumuler et de saigner les énergies vives de ces organisations anémiques. Derrière le grand rideau de l'apparence, le drame se poursuit. Voyez comment.

Derrière les portes closes

À la vue de nombreux observateurs, l'entreprise traditionnelle foisonne d'Êtres humains fragilisés. Ces dirigeants et employés souffrent – habituellement en silence – pendant que la normalité s'occupe de masquer la réalité ; l'orchestre continue de jouer la valse de la routine pendant que le bateau tangue dangereusement. Pendant ce temps, des gens ressentent des malaises ou vivent des échecs dans leur vie personnelle et professionnelle. La plupart du temps, ces Êtres humains, en quête de bonheur et de réussite comme tous les autres, ne savent même pas que leur état émotionnel énergivore est le résultat de choix inconscients. Ils croient habituellement qu'ils sont simplement victimes des circonstances de la vie ou de la mauvaise volonté des autres, tandis que dans les faits, leur situation souffrante est un pur produit, logique et naturel, de leurs propres réponses aux circonstances de la vie et aux comportements des autres qui surviennent à chaque instant.

Le harcèlement

Le harcèlement psychologique et sexuel représente un des pires produits de l'inconscience et de l'ego. Il est souvent très subtil, il s'exprime par de simples allusions, d'ailleurs très faciles à nier par ses auteurs, ou par des paroles et des gestes déplacés. Il démotive, il fait mal et il divise. En fait, il n'apporte que des déchets de la pire sorte.

Selon une étude de Franciska Krings de l'Université de Lausanne*, le harcèlement moral ou sexuel touche près de 50 % des Êtres humains dans les entreprises, et affecte presque autant les hommes que les femmes, mais de manière différente.

L'auteure affirme d'ailleurs qu'un environnement de travail imprégné de respect représente une redoutable mesure de prévention contre ce phénomène très répandu.

Au moment où j'écris ces lignes, une nouvelle tombe ce matin dans les journaux du Québec au Canada : le président d'un ordre professionnel très en vue s'est fait interdire l'accès aux bureaux de son organisation à la suite d'allégations de harcèlement psychologique... Une enquête menée par des consultants experts dans le domaine a fait état d'un régime de terreur, de langage ordurier, de coups de poing sur la table, de surnoms dégradants, de courriels menaçants et de comportements très agressifs lorsque quelqu'un « osait » contredire Monsieur Le Président.

Ce qui me surprend le plus, c'est de constater qu'il a fallu une enquête sous le sceau de la confidentialité pour que la réalité soit dévoilée au grand jour. Les gens ont peur et n'osent pas, que ce soit en groupe ou individuellement, intervenir et dire, haut et fort, que ces comportements n'ont pas leur place au travail. Qu'il se manifeste d'une manière subtile ou grossière, le harcèlement trouve facilement preneur là où on ne retrouve pas de politique tolérance zéro forte et crédible. Dans ce cas, le petit gamin, qui n'a à peu près jamais entendu le mot *non* et qui se retrouve trente ans plus tard en position de pouvoir, aura peut-être le réflexe d'utiliser les mêmes techniques de manipulation qui l'ont si bien servi jadis.

_____

* www.snf.ch/fr/pointrecherche/newsroom/Pages/news-131204-sexuelle-belaestigung-arbeitsplatz.aspx

Les Êtres humains, victimes ou témoins du harcèlement, sont souvent dévastés, voire terrorisés. Ils ont notamment peur de perdre leur emploi. Tous comprendront alors que ces gens n'ont probablement pas accès à leur plein potentiel, leur mental étant trop occupé à survivre et à se protéger. En fait, quels sont, croyez-vous, les coûts financiers et humains induits par l'intimidation et le harcèlement ? Ces employés et ces dirigeants reçoivent leur plein salaire même si leur mental n'est pas disponible ! Alors, quel coût peut-on imputer à ces situations de souffrance dans le grand livre de l'entreprise traditionnelle ? Quel est l'impact sur la productivité lorsque de tels comportements sont ignorés, voire tolérés ?

Ne rangez pas votre calculatrice, les coûts continuent de s'accumuler !

Burnout : lorsque l'énergie est épuisée et que la confiance s'est évaporée

Le *burnout* : quel sujet d'actualité quasi permanent ! Il engendre des problématiques dont les coûts humains et financiers dépassent tout entendement. Dans ce bouquin, l'épuisement professionnel est traité trop rapidement à mon goût. Mais, l'objet de ce livre n'est pas d'expliquer les causes du *burnout*, mais plutôt d'attirer l'attention sur les nombreux impacts négatifs de ce dernier sur la réussite de l'entreprise et sur sa capacité à accéder à son plein potentiel.

Le burnout ne sort pas du néant pour se retrouver, aussi soudainement que magiquement, dans l'environnement de travail. Il est LA création d'Êtres humains inconscients. Alors, dans ce livre, voyons comment il puise allègrement dans la réserve d'énergie vitale de l'entreprise.

Les coûts humains et financiers associés au *burnout* sont énormes, autant pour la personne affectée que pour l'entreprise. Côté entreprise, il y a les coûts générés pendant la croissance discrète du malaise, il y a ceux qui fusent dès que le malaise se transforme en crise, il y a ceux engendrés par le départ en convalescence de l'Être humain souffrant et, finalement, les coûts reliés au recrutement et à la formation d'un remplaçant, sans parler des coûts correspondant à la perte de productivité des équipes affectées durant toute la longue période de latence, d'éclosion et de convalescence, sans parler des coûts reliés aux opportunités ratées à cause de cette malheureuse distraction.

En fin de compte, les coûts grimpent encore et encore, et l'entreprise traditionnelle perd son énergie à tenter de surmonter les terribles drames humains au lieu d'utiliser la même énergie pour créer un milieu de vie extraordinaire où des Êtres humains heureux, équilibrés, motivés et engagés pourraient facilement accéder à leur plein potentiel et ainsi créer de la valeur étonnante. D'ailleurs, l'épuisement professionnel a un cousin tout aussi énergivore : le *brownout*. Voici de quoi il s'agit.

Brownout : lorsque l'enthousiasme et la passion s'effondrent

Je serai très bref ici, car les coûts reliés au *brownout* ressemblent beaucoup à ceux occasionnés par le *burnout*, à l'exception près que le *brownout* se produit soudainement et évolue très rapidement, dès les premières étapes de son apparition.

Michael E. Kibler, président de Corporate Balance Concepts, semble être le premier à utiliser l'expression *brownout* dans une publication aux presses de Harvard sous le titre *Prevent Your Star Performers from Losing Passion for Their Work*. Selon Kibler, le *brownout* est un *état d'esprit* résultant de l'effondrement, aussi soudain qu'imprévisible, de la passion, de l'enthousiasme et de l'engagement pour son travail. En voici donc une illustration.

Vous avez un travail qui semble être fait sur mesure pour votre talent et votre savoir-faire. Vos patrons vous font pleinement confiance, votre salaire est nettement plus élevé que le salaire médian dans votre entreprise et reflète probablement votre niveau de responsabilité, votre génie créateur et votre contribution exceptionnelle à la réussite de l'entreprise, pour laquelle vous travaillez d'ailleurs de très longues heures. Tout baigne dans l'huile, vous carburez au bonheur. Ça, c'est la perspective du point de vue de votre vie professionnelle.

Au plan personnel, votre partenaire de vie et vos enfants vont très bien, du moins selon votre analyse. Vos revenus élevés permettent à tous les membres de votre adorable petite famille de bénéficier d'agréables extravagances matérielles : maison et voitures de luxe, quelques voyages annuels dans le Sud et école privée pour les enfants.

Puis un jour, le bonheur retient son élan quotidien ; vous découvrez alors que votre vie de couple est sur le bord de l'éclatement. Une séparation aussi inattendue que douloureuse se profile à l'horizon. Le sens de votre vie bascule soudainement dans le vide effectif de votre vie conjugale et familiale que vous avez inconsciemment créé à force d'absences répétées depuis maintenant six ans. Dans votre esprit, tout semblait pourtant parfaitement congruent : votre travail, votre famille, votre style de vie, votre succès et votre bonheur.

En ce pluvieux lundi matin, comme d'habitude, vous arrivez au bureau avant tout le monde. Mais, aujourd'hui, l'enthousiasme débordant des dernières années n'est pas au rendez-vous. Vous n'avez pas le goût de vous verser un café ni d'ouvrir la porte de votre bureau personnel. Vous vous laissez lourdement tomber sur le fauteuil des visiteurs près de la porte d'entrée principale. Juste en face de vous, une affiche retient votre attention : « Visiteurs » ; c'est bien ce que vous avez été pour votre famille depuis quelques années et c'est ce que vous ressentez être devenu pour vous-même tellement vous avez négligé de visiter votre dimension intérieure. Vous prenez conscience que vous avez investi toutes vos énergies dans l'accessoire pendant que vous étiez absent pour l'essentiel. Vous avez réussi dans la vie, mais vous avez raté votre vie. Rien n'a plus de sens ; le pendule arrête son tic-tac.

Effondrement de la passion, de l'enthousiasme et du bonheur. Les projets qui attisaient pourtant le meilleur de vous encore hier vous donnent, ce matin, le goût de vomir. Plus rien de votre vie professionnelle ne vous intéresse. Vous remettez votre démission deux jours plus tard. Vous êtes, sans le savoir, happé par le *brownout* !

Votre vie personnelle et votre vie professionnelle viennent d'entrer dans une brutale collision suite à un long dérapage causé par l'oubli de vos valeurs les plus profondes. Votre gros salaire vous semble devenu votre pire ennemi. Vous avez dédié votre vie personnelle à votre vie professionnelle tandis que vos rêves de vie demandaient l'inverse. Vous n'aviez pas saisi la nuance, tant le tourbillon affolé de la spirale du succès vous a intensément aspiré. Vous entrez dans un « effet tunnel » où la seule chose qui compte maintenant pour vous est de sauver votre mariage, vous-même, et votre vie familiale, ce que vous ne réussirez malheureusement pas, trop de signaux ayant été ignorés pendant trop longtemps. Mais ça, vous ne le savez pas encore.

Beaucoup d'entreprises ne réalisent simplement pas que certains de leurs meilleurs créateurs de valeur se promènent quotidiennement sur un chemin menant tout droit au *brownout* tant l'équilibre entre leur vie personnelle et leur vie professionnelle a été et est encore négligé. Les coûts et contrecoups du *brownout* sont importants, autant pour l'entreprise que pour ces Êtres humains désemparés et meurtris. Des énergies s'envolent en fumée au lieu de servir à édifier des projets capables d'alimenter en qualité des vies professionnelles et personnelles.

Perte de confiance en soi

Derrière les portes closes, loin des regards indiscrets, une réalité criante retient sa souffrance. Un dirigeant fier et apprécié par ses collègues et ses employés sait, lui, qu'il doute de ses compétences. Il a peur d'être *débusqué*. Derrière l'apparence se cache le vrai Être humain dépassé par les événements. Bien qu'il soit fréquemment ovationné, ses peurs et ses doutes lui rappellent ses fourberies. Il sourit et serre des mains, mais, dans la profondeur de sa dimension intérieure, il croit être un *imposteur*. Ce dirigeant admiré de tous a perdu confiance en lui.

Ils sont légion, ces dirigeants et employés clés coincés entre l'apparence telle que perçue par les autres et ce sentiment d'imposteur tel que ressenti derrière les portes closes, dans le ressenti du soi. Pour l'entreprise, la perte de confiance en soi signifie «incapacité à accéder à son plein potentiel». Ces dirigeants et ces employés clés n'*oseront* plus le risque, ils s'en tiendront à la manifestation «ordinaire» de leur talent et de leur savoir-faire. La création étonnante en souffrira et les opportunités d'affaires ratées se feront discrètes, bien dissimulées derrière la fébrile routine. Les coûts ainsi générés resteront éternellement bien camouflés et ne viendront pas déséquilibrer le grand livre comptable officiel.

Débordement perpétuel

Le débordement perpétuel érigé en *normalité* prend la forme d'un panneau indicateur tentant de mettre en évidence un problème qui menace les meilleurs créateurs de valeur. En surface, nous voyons des employés et des dirigeants *modèles*, mais, en sourdine, il y a le débordement perpétuel qui permet la souffrance humaine et soulève d'importants risques pour l'entreprise. Rien n'est positif pour un dirigeant ou un employé dans le fait d'être régulièrement confronté à un surplus de travail qui affecte son bien-être physique et mental.

Bien qu'il agisse loin des regards indiscrets, le débordement perpétuel sème les germes de l'épuisement professionnel et du *brownout*. De plus, il recèle d'importants indicateurs révélant des problèmes d'équilibre reliés à la sphère de la vie personnelle et de la vie organisationnelle.

S'il y a une chose dont a cruellement besoin l'entreprise contemporaine, ce sont bien des dirigeants et des employés capables d'apporter des réponses de très grande qualité aux défis auxquels ils sont confrontés. Or, j'insiste, des gens noyés sous un flot continu de dossiers complexes dévouent leur énergie vitale à la survie plutôt qu'à la créativité étonnante.

Derrière les portes closes, la *vraie* réalité sort de son mutisme, et la souffrance peut enfin s'exprimer. Des Êtres humains fragilisés ressentent leurs émotions. C'est bien derrière les portes closes que la dimension humaine se retrouve avec elle-même, authentique, débarrassée du fardeau de l'apparence. Beaucoup d'enjeux reliés au succès ou à l'échec de l'entreprise s'y déroulent. De violents affrontements entre vie personnelle et vie professionnelle font souvent rage au vu et au su de la réalité. Le faux besoin d'*avoir plus* de biens matériels se voit maintenant remis en question par le désir d'*être plus*. Derrière les portes closes, l'entreprise traditionnelle se voit confrontée à un aspect de son environnement intérieur qui s'avère déterminant pour sa prospérité et sa pérennité.

Le dirigeant ou le créateur de valeur aux prises avec le débordement perpétuel ne peut accéder à son plein potentiel puisque son énergie vitale est aspirée par son besoin de survie, donc par l'urgence de garder la tête juste au-dessus des flots. Ainsi, l'entreprise subira d'importants coûts reliés à la perte d'occasions d'affaires, et les Êtres humains qu'elle abrite seront exposés à la menace du *burnout* et du *brownout*.

Vies professionnelles et personnelles en rupture

Vous le savez maintenant, l'Être humain devant fonctionner dans un environnement dysfonctionnel, que ce soit dans son environnement extérieur, dans sa dimension intérieure, dans son espace de vie professionnelle ou personnelle, est beaucoup moins apte à réussir que celui qui expérimente l'équilibre, le bien-être et la paix. Cet Être humain se retrouve au milieu d'un champ de bataille dont les belligérants s'acharnent à s'affaiblir les uns les autres, sans réaliser qu'ils font partie de la même armée.

Ainsi, une vie professionnelle mal dirigée blesse parfois mortellement une vie familiale ou conjugale, ou encore, une vie personnelle énergivore nuit gravement au déploiement d'une vie professionnelle pourtant prometteuse. Ces vies sont en rupture d'harmonie. Elles sont épuisantes et conduisent à l'échec.

Peu importe d'où provient la souffrance énergivore, l'Être humain, dans son existence holistique, ressent une seule réalité qui englobe tous les aspects de sa vie. Lorsqu'une partie souffre, c'est l'ensemble qui a mal. Soulevons donc un peu le voile sur une réalité qui se déroule habituellement loin des projecteurs publics.

Vases communicants et contamination croisée

J'ai parfois expérimenté dans ma vie professionnelle des journées de travail peu productives à cause de soucis d'ordre familial ou conjugal, ou encore à cause d'un problème de santé physique, qui phagocytaient mon énergie vitale. J'ai aussi vécu de nombreux retours à la maison marqués par une humeur sombre qui transmutait en ambiance orageuse la gaieté pourtant quasi permanente de notre belle vie familiale. Dans l'expérience de ma propre vie, je suis aussi témoin du fait que la vie professionnelle et la vie personnelle peuvent facilement s'influencer l'une l'autre, pour le meilleur ou pour le pire ; elles sont, finalement, intimement intriquées. Vous n'avez qu'une seule vie humaine : celle que vous vivez. Elle est composée de plusieurs facettes que l'on s'amuse à étiqueter de *personnelle*, *professionnelle*, *familiale*, *conjugale*, *spirituelle*, etc. Mais, lorsqu'on regarde d'un peu plus haut, on voit un ensemble complet dont certaines parties affichent simplement des textures et des coloris légèrement différents : il s'agit, en fait, d'un tout *holistique* insécable.

Lorsque votre vie professionnelle traverse un espace difficile, des émotions énergivores ne manqueront pas d'émerger et de contaminer votre vie personnelle, et vice versa.

Dans beaucoup d'entreprises traditionnelles, le mythe de séparation entre vie professionnelle et vie personnelle tient toujours bon, malgré les évidences indiquant plutôt que ces vies sont finement intriquées. On retrouve encore des dirigeants qui croient que la vie personnelle de leurs collègues et employés ne les concerne pas. Grave erreur puisque c'est notamment dans cet espace privé que se prennent les décisions de rester ou de joindre une autre entreprise. C'est bien dans le salon feutré de la vie personnelle que les Êtres humains retrouvent leur authenticité et réfléchissent à leur avenir professionnel.

Lorsqu'on regarde très attentivement la proximité entre *vie personnelle* et *vie professionnelle*, on s'aperçoit que la vie professionnelle n'est qu'un sous-ensemble de la vie personnelle. Ainsi, tout ce qui bouge et qui vit dans un espace donné affecte – et parfois infecte – automatiquement l'espace adjacent. Par exemple, l'Être humain aux prises avec une dépendance énergivore dans sa vie professionnelle, le *workaholic*, par exemple, négligera sa vie personnelle, notamment sa vie conjugale et familiale, ce qui lui occasionnera des problèmes *personnels* qui viendront, à leur tour, ébranler les fragiles structures de sa vie professionnelle déjà perturbée. Il en est de même pour les dépendances à l'alcool, au sexe, à l'argent et aux médias sociaux qui ravagent de nombreuses vies personnelles et dont les impacts se font sentir en écho dans l'espace professionnel. D'autres types de comportements énergivores qui émergent dans l'entreprise, comme la colère, la jalousie, la susceptibilité, le stress, l'anxiété, les plaintes, les commérages, se manifestent probablement avec une intensité comparable dans la vie personnelle de ces mêmes individus.

La plupart du temps, l'entreprise traditionnelle n'ose pas s'aventurer sur le terrain *miné* des vies personnelles. De nombreux dirigeants s'en lavent les mains en disant que les Êtres humains qu'ils embauchent sont des «professionnels», donc des gens capables de laisser leurs soucis personnels dans le portique de l'entreprise. Pure illusion qui se dévoile à chaque instant dans les couloirs et devant la distributrice à café de l'entreprise traditionnelle. Ne confondez pas les cris entendus dans les bureaux de l'entreprise traditionnelle avec les élans de ralliement enthousiastes qui jaillissent d'un camp de vacances ; il s'agit plutôt d'expressions compulsives et névrosées de dirigeants et d'employés qui ont plutôt laissé le respect et la bienveillance dans le portique de l'entrée principale. Ces gens ne se métamorphosent pas soudainement en

Êtres humains conscients lorsqu'ils passent d'un environnement à l'autre.

Les coûts associés aux attitudes et aux comportements contre-productifs sont tellement importants et évidents qu'ils devraient autant attirer l'attention des propriétaires des entreprises que les coûts reliés à une machinerie de production en panne. Alors, difficile d'expliquer la logique de ce laisser-aller de certains dirigeants, observateurs passifs de ces fuites d'énergie vitale, ces dernières profitant de la porosité des frêles membranes qui séparent la vie personnelle et professionnelle pour affaiblir davantage l'entreprise. Comme dans le cas de vases communicants, les dysfonctionnements se propagent et répandent leurs néfastes influences à l'ensemble des vies personnelles et professionnelles, sans distinction d'appartenance.

Contamination croisée spécifique

La contamination croisée, une petite particule subtile, mais assassine, ne rate que rarement sa cible. Un sarcasme, une « blague » humiliante, une allusion à double sens, le négativisme et le pessimisme, une rumeur, un petit commérage, un collègue subtilement laissé de côté – et je passe de très nombreux autres exemples – font, chacun, figure de catalyseur efficace pour troubler un environnement de travail, même celui habituellement des plus agréables. Comme je l'ai mentionné plus tôt, il s'agit d'attitudes et de comportements *contre-productifs* qui semblent inoffensifs, minuscules à première vue, telle une petite poussière qui s'invite dans votre œil au moment même où vous vous apprêtez à effectuer une manœuvre délicate.

Dans l'entreprise traditionnelle, on « laisse passer » les petits écarts. C'est plus commode que de jouer les belles-mères. La contamination, de son côté, adore ces cultures d'entreprise affadies par un leadership incolore. La contamination croisée viendra distraire le mental d'une Sophie ou d'un Robert qui se seront sentis harcelés ou humiliés. Aujourd'hui, la petite particule aux effets pervers est une remarque déplacée de Jean-Pierre et, demain, elle sera une « petite » mauvaise habitude récurrente de Rosalie. Le laisser-aller officiel *soutient*, bien subtilement, le déversement quotidien de doses homéopathiques de ce venin pernicieux dont les impacts sont réels, désagréables et très coûteux.

Un plein potentiel difficilement accessible en vue ; productivité discrètement à la baisse, et création de valeur étonnante qui passe son tour. L'anémie de la réussite et du bonheur est soigneusement cultivée et assurément bien nourrie dans ces entreprises dont les valeurs à géométrie variable ne sont que théoriques. Et ce n'est que la pointe de l'iceberg. Voyez ce qui suit.

Vies professionnelles déboussolées

Toujours sous la rubrique des fuites d'énergie que subit l'entreprise traditionnelle soumise à l'inconscience, on retrouve des vies professionnelles déboussolées. Derrière une vie professionnelle en perte de repères, il y a un Être humain qui se cherche et qui ne glane pas tout le bonheur et tout le potentiel mis à sa disposition. Les symptômes émergeant de ces dirigeants et employés en difficulté sont discrets : ils ne se manifestent que rarement, trop bien camouflés derrière les fébriles activités routinières, les apparences bien costumées, les conformités et les protocoles obligés. Difficile pour un Être humain d'aller voir son patron pour lui confier que son travail ne le passionne plus ! Imaginez aussi un dirigeant d'entreprise traditionnelle venir expliquer aux membres de son conseil d'administration qu'il n'a plus de plaisir dans son travail et qu'il aurait besoin d'aide pour retrouver son enthousiasme originel. Un Être humain déconnecté de sa passion et perdu entre ses « besoins » matériels et le manque de reconnaissance peut difficilement accéder à son plein potentiel créateur puisque, comme nous l'avons expliqué précédemment, ce dernier a notamment besoin de l'enthousiasme et de la motivation pour s'activer entièrement. Cet Être humain en perte d'appétit pour les nouveaux défis mettra certainement en pratique son savoir-faire et son talent – d'ailleurs probablement très impressionnants –, mais l'absence d'enthousiasme et de passion feront en sorte que ses habiletés professionnelles s'exprimeront avec une nette retenue.

Cette réflexion peut sembler légèrement compliquée pour des dirigeants d'entreprises traditionnelles, peu habitués à porter attention à tous ces petits détails liés à la dimension humaine. Certains de ces dirigeants n'ont jamais appris à encourager, à nourrir, à provoquer, à magnifier et à propulser la fabuleuse capacité créatrice de l'Être humain. Ils ne savent tout simplement pas comment répondre aux quoi, aux pourquoi et aux comment. Les tabous, nombreux et paralysants, que l'on retrouve abondamment dans l'espace professionnel interdisent l'utilisation de certains mots traduisant des réalités spirituelles et humaines. Seul l'intellect est autorisé à parader.

En cheminant seul, souvent perdu et en manque de repères solides, l'Être humain évoluant de manière erratique dans la sphère de sa vie professionnelle mal menée passe à côté de son vrai potentiel, de sa vraie source d'énergie et du bonheur qui l'attend patiemment ailleurs. Et, en même temps, l'entreprise aussi souffre, car elle est, bien malgré elle, privée du génie créateur et du leadership de ce dirigeant ou de cet employé rempli de savoir-faire et de talent.

Impacts réels, peut-être un peu abstraits à première vue, qui privent l'entreprise d'une partie de son énergie vitale potentielle. Les coûts reliés à des dirigeants et employés en perte de vitesse, peu motivés et distraits par des remises en question et par la perte de sens de leur cheminement, viennent s'ajouter à la longue liste des coûts associés à d'autres fuites d'énergie que nous venons de voir dans les chapitres précédents. Mais soyez patients, car la liste continue de s'allonger.

Vies personnelles bousculées

Les vies personnelles bousculées, maltraitées et négligées, ces orphelines du temps qui défile à la vitesse dictée par la société de consommation, ont, depuis quelques générations, perdu leur souffle en courant vers l'artificiel et en sautant par-dessus l'essentiel. Ces vies personnelles renferment pourtant ce qu'il y a de plus important pour l'Être humain: les outils du bonheur et de l'équilibre. La vie personnelle représente, dans les faits, le seul espace où les parties les plus profondes de la dimension humaine peuvent s'exprimer dans une vaste gamme de tonalités.

Fréquemment, j'entends des dirigeants et des employés hyperactifs ayant obtenu l'abondance financière, m'avouer leur profonde tristesse, l'immense solitude et le vide abyssal de leur vie personnelle. C'est le cœur serré, la poitrine compressée et avec des trémolos dans la voix qu'ils revisitent leur séparation ou leur divorce, ou encore se souviennent vaguement de ces petits Êtres magnifiques auxquels ils ont donné la vie, mais dont ils ont perdu la trace relationnelle. Oui, l'objectif financier est atteint, mais le bonheur et l'équilibre accusent souvent un important retard et manquent le rendez-vous avec le sens et le bien-être.

L'Être humain voit le sablier lui indiquer que la vie est une substance qui s'écoule; rarement prend-il le temps de réaliser que, dès l'âge de 45 ans, il ne lui reste plus que 240 mois avant la retraite de cette vie professionnelle accaparante et, par la suite, une période plus tranquille d'approximativement 180 mois avant que le rideau ne se referme définitivement sur son éphémère passage sur terre. Ces Êtres humains qui ont mis leur vie personnelle entre parenthèses, le temps d'accumuler succès et argent, se retrouvent, éventuellement, devant une réalité difficile : impossible de retourner en arrière pour corriger l'angle de tir. Le projectile mal aligné dès le départ poursuit sa folle course vers une cible qui n'a plus de sens.

L'entreprise peuplée d'Êtres humains piégés par le déséquilibre entre leur vie professionnelle et leur vie personnelle ne peut performer à un degré plus élevé que le niveau de bonheur et de sens de ces gens honnêtes et sincères ; jadis, ces derniers ont fait des choix favorisant davantage l'accessoire plutôt que l'essentiel, et les fruits amers qu'ils récoltent maintenant infectent le bien-être de leur vie personnelle. Et comme nous l'avons précédemment laissé entendre, des vies personnelles malheureuses et bousculées produisent rarement des dirigeants et des employés capables d'accéder à leur plein potentiel. Voilà un autre débris qui finira par se retrouver dans la cour de l'entreprise, elle qui est déjà ralentie par les nombreux autres boulets attachés à ses chevilles.

Ce n'est pas une utopie d'introduire le bonheur et le bien-être dans l'entreprise en tant que puissant vecteur de réussite exceptionnelle, mais c'est une illusion de penser qu'un Être humain malheureux et déboussolé pourra apporter la même contribution de qualité à la réussite de la mission de l'entreprise qu'un Être humain muni du Savoir-Être conscient. Les coûts reliés au sentiment de *rater sa vie personnelle* ne sont pas à la portée du portefeuille de l'Organisation Consciente, ce qui explique pourquoi la dimension humaine et le bonheur se retrouvent toujours inscrits tout au haut de sa liste des priorités stratégiques de cette dernière.

Environnements dysfonctionnels et en conflit

Pourquoi tolère-t-on les dysfonctionnements et les conflits dans les entreprises ? Pourquoi n'élimine-t-on pas les causes *en amont* de ces fuites d'énergie ? Les dirigeants et les employés ne sont-ils pas conscients de l'immense impact négatif que ces fuites d'énergie imposent à la réussite de l'entreprise et à celle des Êtres humains qui y travaillent ?

L'entreprise malade, lourde et passive

Êtres humains fragilisés et entreprise malade, lourde et passive : la formule est parfaite, quoi de mieux pour nourrir l'échec ? De nombreuses entreprises traditionnelles ne réalisent tout simplement pas qu'il s'agit de leur propre réalité. Les dirigeants aveuglés par leurs croyances et leurs méthodes de gestion désuètes, sans parler du peu de temps qu'ils allouent à la réflexion, ne semblent pas se rendre compte que leur entreprise file à vive allure vers l'asphyxie. Voici quelques exemples de dysfonctionnements délétères qui consument une grande partie de l'énergie vitale de ces organisations inconscientes.

Faible mobilisation

Dans les journaux, on entend dire que la population d'un village s'est mobilisée pour venir en aide à une famille jetée à la rue à la suite d'un incendie. Ou encore, les gens d'un pays démocratique se mobilisent soudainement pour renverser une politique gouvernementale qu'ils jugent malsaine. La mobilisation émerge soudainement lorsqu'une volonté commune inspire les gens à s'impliquer ensemble dans un projet porteur d'espoir. De grandes révolutions sociales ont débuté spontanément dès que le niveau de motivation a franchi le point de basculement à partir duquel il n'était plus possible de revenir en arrière.

Lorsqu'une forte mobilisation s'empare d'un groupe, l'énergie de l'ensemble dépasse largement la somme des énergies individuelles. Et, attention, le contraire est aussi vrai : lorsque la mobilisation est faible ou inexistante, l'effet de spirale négatif crée un puissant remous dont la spécialité est de bloquer la circulation d'énergie positive. Une entreprise aux prises avec une faible mobilisation fait penser à une armée dont les soldats désertent dès qu'ils sont confrontés à l'ennemi.

Et qui dit « faible mobilisation » dit aussi propulseur de talent et de savoir-faire de faible intensité ; difficile d'engager le combat dans ces conditions. La faible mobilisation est souvent le reflet d'un environnement de travail dysfonctionnel et malade. Douloureux lendemains en vue, impossible d'accéder au plein potentiel. L'énergie s'évapore et l'argent aussi.

Manque d'engagement

Le niveau d'engagement d'un Être humain envers un projet ou envers un autre Être humain reflète souvent la profondeur du sens qu'il donne à son implication. L'engagement, c'est la décision intérieure de se dévouer à une cause, de maintenir ses promesses, de donner le meilleur de soi, même dans les temps les plus difficiles.

Dans l'entreprise, l'engagement est une responsabilité qui concerne tous les gens. Un dirigeant qui ne remplit pas ses promesses ou dont les agissements vont dans le sens contraire des belles déclarations évoquées dans la mission et la vision de l'entreprise fait preuve d'un manque d'engagement. L'employé qui accepte un emploi dans une entreprise, mais qui ne déploie pas son plein potentiel fait aussi preuve d'un manque d'engagement. D'autres exemples montrent des Êtres humains qui trichent ou qui retiennent une partie de leur talent par manque d'engagement.

L'Être humain sabote fréquemment son propre succès potentiel par pure inconscience. Lorsqu'il s'engage peu dans sa vie professionnelle ou personnelle, il récolte de l'insatis-faction floue et des résultats mous, ces derniers étant géné-rés par des efforts dilués, eux-mêmes poussés par de faibles vents contraires, sans direction claire. Cet Être humain a-t-il choisi d'abandonner la direction de sa vie aux mains de la coïncidence et de l'indifférence ?

Le manque d'engagement fait mal à l'entreprise. Il freine le déploiement du plein potentiel et génère des coûts plutôt que des résultats exceptionnels. Pourtant, personne n'en parle lors des rencontres du conseil d'administration ou dans les bureaux feutrés de la *haute direction*.

La routine des conflits

Dans nombre d'entreprises traditionnelles, beaucoup d'éner-gie vitale est détournée de sa mission première et se consume ainsi dans des conflits et des dysfonctionnements qui car-burent à l'ego.

De nombreux dirigeants croient encore que les conflits sont normaux et font partie des règles du jeu. Dans ces orga-nisations souvent peu efficaces, les conflits font partie de la routine : la directrice de tel service et le superviseur d'un groupe d'intervention technique ne se parlent plus depuis des mois ; pourtant ils partagent un projet en commun. Monsieur le PDG est en froid avec un membre du conseil d'administra-tion ; en même temps, de grands enjeux concernant la vision future de l'entreprise reposent entre leurs mains. Bon, je vous fais grâce d'autres exemples, car ils sont légion et je suis certain que vous pourriez vous-mêmes m'inonder d'anecdotes concernant votre propre entreprise.

Les conflits et les dysfonctionnements causent des distractions majeures dans l'entreprise. Et n'est-il pas curieux que les dirigeants et les employés en conflit reçoivent quand même la totalité de leur salaire bien que les conflits qu'ils nourrissent freinent grandement la capacité de l'entreprise à produire de la valeur étonnante ? Ainsi, non seulement les comportements de ces dirigeants et de ces employés en conflit nuisent-ils à la production de valeur dans l'entreprise et génèrent des coûts en termes de productivité, mais, de surcroît, ces Êtres humains sont payés en entier durant ce temps ! Cherchez l'erreur et la logique ! Un extraterrestre en mission d'observation des humains ne comprendrait pas !

Environnement de travail malsain

Le niveau de qualité de l'environnement de travail est sans contredit ce que l'Être humain expérimente le plus directement au quotidien. Et je dirais aussi qu'il s'agit de l'élément le plus déterminant à court terme soit pour stimuler, soit pour affaiblir le niveau d'engagement d'un dirigeant ou d'un employé.

L'environnement de travail physique est rempli de symboles qui ont tôt fait de meubler l'imaginaire des gens. Des espaces de travail ergonomiques, spacieux et de très grande qualité, inspirent respect et reconnaissance. Ajoutons un bon éclairage, un faible niveau de bruit, des outils de travail et un soutien adéquats, et voilà que les gens ressentent bien-être et respect. L'air frais et la propreté des lieux complètent le tout et contribuent au plaisir de revenir au bureau chaque matin. Les Êtres humains bien traités sont alors disposés à donner le meilleur d'eux-mêmes.

L'environnement de travail ne se limite cependant pas aux seuls lieux physiques : il y a aussi l'ambiance de travail, le respect mutuel, le niveau de qualité des communications et de la culture d'entreprise en général. Ces aspects de l'environnement de travail, plus subtils, mais non moins puissants, ont le pouvoir de propulser la motivation et l'engagement à des niveaux surprenants. Cependant, lorsque des mauvaises attitudes et des comportements répréhensibles sont tolérés, les pertes d'énergie affaiblissent la synergie du groupe et neutralisent les efforts collectifs.

Par exemple, je vous présente le commérage, cet habile organisateur de clans. Le commérage ne se déplace jamais sans ses fidèles acolytes, l'hypocrisie et la malveillance. Cette toxine perverse contamine l'esprit d'équipe et n'hésite pas à s'inviter tout en haut de la hiérarchie verticale, qui se complaît parfois à alimenter des échanges qui n'ont rien d'édifiant et qui ne contribue aucunement à créer de la valeur étonnante. Gravité oblige, le produit malodorant de ces échanges douteux reprendra le chemin inverse, vers le bas cette fois-ci, et ira alors alimenter, de ses rumeurs perverses, l'environnement de travail probablement déjà surchargé par des conflits et des dysfonctionnements. Les distractions ainsi causées ne manqueront pas de soutirer, au passage, quelques énergies vitales qui ne pourront malheureusement jamais plus contribuer à la création de valeur.

L'injustice et le favoritisme figurent aussi sur le tableau des attitudes et comportements malsains de certains dirigeants, directeurs et superviseurs dans leurs relations avec leurs employés. Un gestionnaire de compte est recherché ? Le proche ami du PDG sera peut-être favorisé au détriment du plus compétent ; il suffira de *modifier* légèrement la description des prérequis pour obtenir le résultat recherché et ainsi éviter qu'une autre personne puisse remporter le concours. Sauf que les Êtres humains de l'entreprise sont intelligents et connaissent trop bien les subtilités tortueuses de la fourberie intellectuelle pour se laisser duper par ces manipulations préméditées et puériles.

Finalement, le premier prix de la fuite d'énergie, catégorie environnement de travail, est : la plainte ! Selon Will Bowen, auteur du livre *A Complaint-Free World*, 78 % des travailleurs américains passent plus de 4,5 heures par semaine à écouter les plaintes d'un ou d'une collègue de travail. Vous pouvez calculer le coût en salaire simplement en multipliant le nombre d'heures passées à écouter des plaintes, par le taux horaire moyen, et vous constaterez les énormes pertes subies par l'entreprise. Le chiffre ainsi obtenu ne représente que la pointe de l'iceberg, car, pendant ces heures de plaintes, aucune valeur n'a été créée pour le client. Ces moments peu contributifs au succès de la mission d'affaires totalisent près de 200 heures par année par plaignant récidiviste, ce qui représente plus de 5 semaines à temps plein à saboter les efforts qui auraient pu être déployés pour la réussite. Supposons que l'entreprise compte 175 employés, on peut alors calculer que les 78 % d'employés perdant chacun 4,5 heures par semaine à partager leurs insatisfactions détruisent collectivement près de 30 000 heures de création de valeur annuellement. Et ce chiffre ne tient même pas en compte le temps perdu par la personne qui se plaint ni le temps gaspillé par les autres personnes qui se joignent au groupe. Et, soyons clairs, ce phénomène de la plainte n'épargne pas les dirigeants.

Il y a aussi les effets secondaires reliés à la mauvaise habitude de se plaindre. Ils induisent des rumeurs qui deviennent promptement des entités autonomes capables de reproduction spontanée. Par leur nature même, les plaintes érodent l'engagement et nourrissent l'insatisfaction. Elles sapent le respect et la bienveillance. Elles sèment le doute et minent profondément le climat de travail. Et la distraction ainsi générée en profite pour neutraliser l'intuition et les idées géniales qui s'apprêtaient justement à émerger. Ces perfides plaintes *pollinisent* allègrement leurs consœurs *médisances* et *calomnies* dont les fruits empoisonnés affaibliront davantage une entreprise traditionnelle déjà anémique.

Voilà des générateurs de coûts résultant d'une *culture* d'entreprise qui *permet* à la plainte de répandre son venin, le tout avec l'accord tacite et le silence complice de ces Êtres humains qui ne comprennent tout simplement pas qu'ils sont en train de saboter leurs propres bonheur et prospérité.

Pression indue

Il y a des situations, des métiers difficiles et des circonstances de la vie qui commandent des actions aussi puissantes qu'immédiates. Les Êtres humains travaillant dans le système médical, les pompiers, les ambulanciers, les policiers, les militaires et d'autres travailleurs devant relever des défis humains délicats en savent quelque chose! Le travail qu'ils ont volontairement choisi comporte intrinsèquement des espaces bourrés de stimuli faisant constamment appel à l'adrénaline et au cortisol. Ces Êtres humains, probablement munis d'une forte capacité à relever des défis très difficiles au milieu de l'adversité, ont adopté une carrière qui semble répondre à leurs besoins d'engagement et d'émotions fortes. La pression ressentie dans l'exercice de leurs fonctions n'est pas indue, car elle fait partie intrinsèque du métier qu'ils ont volontairement choisi. Ils doivent tout de même redoubler de vigilance car leur métier consume une grande quantité d'énergie vitale.

Cependant, à part ces métiers difficiles et certaines situations ponctuelles et temporaires du milieu de travail qui sont susceptibles de réveiller le stress, il y a des dirigeants qui croient encore que la pression psychologique permet d'augmenter la productivité. Ils ont raison en petite partie, mais ils ont tort en presque totalité.

La pression indue stimule temporairement certains Êtres humains à générer un effort supplémentaire à cause de l'élément *peur*. Comme le cheval qui déploie un effort additionnel lorsqu'il est « stimulé » par le fouet ou les éperons. Personnellement, depuis que je suis enfant, je réponds très mal à la pression indue. Elle me démobilise instantanément. Exit l'engagement et la motivation, je sors alors immédiatement du cercle coopératif.

La plupart des gens réagissent aussi amèrement que moi à la pression indue. Alors pourquoi retrouve-t-on de très nombreuses entreprises qui utilisent encore cette approche désuète envers leurs créateurs de valeur ? Ces pressions indues proviennent souvent de dirigeants stressés par leurs propres difficultés à planifier correctement ou par la cupidité qui les pousse à toujours vouloir obtenir plus. Si les dirigeants, directeurs, superviseurs ou chefs d'équipe réalisaient que les semblants de « bénéfices » ainsi obtenus génèrent des coûts immensément supérieurs aux petits gains éphémères, ils n'utiliseraient plus jamais ces méthodes moyenâgeuses.

Je vous invite donc à continuer votre lecture et à découvrir d'autres placards malodorants qui demandent votre attention.

Deuxième partie

L'entreprise traditionnelle malmenée

Si l'entreprise traditionnelle était un Être humain, elle divorcerait, tant elle est malmenée par les dirigeants et les employés. On veut tout d'elle: les profits, les bons salaires, les congés, le confort, les avantages particuliers et sociaux, les soins gratuits, un endroit agréable pour travailler et se faire des amis, et, en même temps, on la vole, on la triche, on lui soutire des énergies, on la nourrit mal, on la bouscule et la rudoie, on ne lui donne pas l'attention de qualité qu'elle mérite si bien, on est ingrat et j'en passe.

Malgré tout, l'entreprise, patiente, silencieuse et résiliente, tente de donner le maximum qu'elle peut, compte tenu de la qualité des outils, des soins et de la nourriture qu'elle reçoit. Elle est embarrassée lorsque vient le temps de présenter les résultats annuels. Elle sait pertinemment que ces derniers ne représentent pas son plein potentiel. Elle a très bien observé tout ce que les dirigeants et les employés ont retenu, elle a été témoin des conflits et des dysfonctionnements qui l'ont bloquée dans son élan pour atteindre la réussite exceptionnelle. Mais, affaiblie par de nombreuses pertes d'énergie, par le statu quo, les formalités et l'inconscience, elle n'a pas pu dépasser la normalité.

Dans les quelques lignes qui suivent, l'entreprise traditionnelle tente d'attirer votre attention sur certaines situations qui plombent sa capacité à atteindre la réussite. Voyez lesquelles.

Chapitre 4

L'inconscience en action

Tant de fois dans ma vie, j'ai fait des gestes ou laissé échapper des paroles qui m'ont causé beaucoup de tort, qui ont blessé, qui ont fait mal à mon bonheur et qui ont retardé l'arrivée de la réussite dans ma vie personnelle ou dans ma vie professionnelle. Je n'étais tout simplement pas *conscient* des mécanismes vivants en moi qui m'amenaient parfois sur des chemins qui m'éloignaient de mes rêves et de mes objectifs les plus précieux.

Lorsque l'*inconscience* occupe le siège du conducteur dans la vie de l'Être humain, l'*intention* et la *bonne volonté* se retrouvent involontairement reléguées sur la banquette arrière, parmi d'autres passagers tout aussi en danger. L'*inconscience* fréquente l'*incohérence*, sa grande amie. Les deux se moquent des valeurs, de l'éthique et de la bienveillance. Suppôt de l'ego, l'inconscience n'hésite pas à contourner certaines valeurs humaines pour obtenir des gains à court terme.

L'*inconscience* n'est pas l'amie de l'entreprise. Ses actions provoquent d'importantes fuites d'énergie et contribuent à mettre en place un environnement de travail peu propice à la manifestation du plein potentiel de chacun.

Voyons donc quelques exemples qui réactiveront certainement quelques souvenirs bien imprégnés dans votre mémoire.

Des demandes irréalistes

Un directeur de production, que je nommerai Edward, travaille depuis 18 ans dans une moyenne entreprise comptant 178 employés. En tant que directeur de production, il doit atteindre certaines performances selon des standards bien définis et connus de tous dans son domaine. Depuis trois mois, il vit une situation difficile : son nouveau patron lui demande d'économiser 15 % de son budget annuel et d'augmenter d'autant sa productivité, sans pour autant lui fournir de nouveaux outils. Edward savait pertinemment que la production souffrait d'une faible productivité. Il avait d'ailleurs proposé à maintes reprises à ses anciens patrons de moderniser la machinerie et les systèmes informatiques désuets, mais en vain.

Lorsqu'ils sont confrontés à des exigences déconnectées de la réalité, les Êtres humains perdent le sens de leur contribution. Edward a ainsi décidé de quitter son entreprise. Il a emporté avec lui l'immense expérience et le génie qui le caractérisaient si bien. Son départ a aussi inspiré trois autres directeurs déçus qui n'ont pas tardé à l'imiter.

Comment ces demandes irréalistes affectent-elles négativement la capacité de l'entreprise à atteindre la réussite ? Lisez bien la suite.

Des impacts coûteux

Dans chaque entreprise, les paroles, les actions et les comportements des dirigeants et des employés ont *tous* un impact sur le degré de réussite de leur entreprise. Cet impact peut être positif ou négatif, petit ou grand, mais il y a un impact, tout comme l'impact du battement d'ailes d'un papillon dans l'hémisphère sud qui peut provoquer une tempête dans l'hémisphère nord. Et, allons plus loin : puisque les paroles, comportements et attitudes sont toujours précédés d'une pensée, tout juste en amont, alors on pourrait aussi affirmer, sans l'ombre d'un doute, que chaque pensée a également un impact sur le degré de réussite de l'organisation. Surpris ?

Ainsi, un dirigeant aux pensées négatives aura certainement des comportements et des attitudes qui refléteront probablement son état d'esprit. L'optimiste, par exemple, affichera plus d'audace et d'ouverture que le pessimiste, ce dernier ayant naturellement tendance à se protéger, à retenir et à se refermer. Les pensées négatives d'un superviseur envers un de ses collaborateurs, par exemple, affecteront vraisemblablement son niveau de désir de travailler avec lui et mineront possiblement sa confiance en lui lorsque viendra le temps de choisir un nouveau directeur de projet.

Un dirigeant faisant des demandes irréalistes perd beaucoup de crédibilité. Les dommages causés par son approche inconsciente comportent des coûts majeurs pour son entreprise notamment en termes de désengagement, de baisse de motivation, de doutes concernant son leadership, et j'en passe. Voici d'autres exemples de situations qui comportent des coûts non négligeables pour l'entreprise : un directeur exprimant une parole négative envers un collègue lors d'un souper annuel, le commérage avec quatre autres collègues concernant les rumeurs d'incompétence de la directrice aux finances, un collègue de travail qui feint de ne pas entendre un employé qui le salue, une lettre de félicitations où on a « omis » de nommer une personne de l'équipe, une impatience mal dissimulée envers un fournisseur ou un client, le PDG qui regarde sa montre lors d'une conversation avec sa VP des ressources humaines, des sous-entendus qui laissent place à de vastes interprétations, le faible niveau de qualité de l'environnement de travail, etc. Tout cela a un impact sur le degré de réussite de l'entreprise. Et je ne peux passer sous silence l'impact du silence ; la plupart du temps, le silence remplace avantageusement les paroles, mais, dans certains cas, le silence peut avoir un impact négatif par sa lourde signification. Les exemples sont tellement nombreux que je laisse maintenant à votre imagination et à votre mémoire le soin de vous amuser un peu.

Un dirigeant ou un employé qui ne tient pas compte de l'impact de l'empreinte laissée par ses choix d'attitudes, de comportements, de gestes, paroles ou actions, commet une terrible erreur, d'ailleurs très coûteuse, pour l'entreprise qui l'embauche, pour sa carrière professionnelle et pour sa réussite personnelle.

La réussite ou l'échec sont des résultats prenant lentement forme au fil des petits détails tissés par les Êtres humains, et ces petits détails aiguillent finement l'énergie *créatrice de valeur* dans une direction ou dans l'autre. On pourrait comparer ces petits détails à un corps humain soumis au microscope, ce dernier dévoilant graduellement la subtilité et la complexité de sa nature, montrant comment chacune des cellules vivantes du corps humain contribue à l'équilibre du tout, même si on peut parfois avoir l'impression que le retrait d'une seule cellule de dimension microscopique n'aurait pas vraiment d'impact sur l'équilibre de l'ensemble. Mais il s'agit simplement d'une illusion. C'est notre faible capacité à mesurer l'impact des empreintes laissées par nos attitudes et nos comportements qui laissent croire à l'absence d'impact. L'impact est bien là, mais on ne le voit tout simplement pas puisqu'il se manifeste en dehors de la capacité de perception de nos sens.

Une des caractéristiques de l'Organisation Consciente vient d'être dévoilée. Les Êtres humains qui l'habitent ont appris à développer un haut niveau de conscience de l'*impact généré* par chacune de leurs attitudes, de leurs actions, de leurs paroles – incluant le silence! Lorsque l'impact est positif, il devient, de facto, un formidable et puissant vecteur de réussite exceptionnelle. L'Être humain cultivant une forte *présence attentive* peut percevoir les empreintes, si minuscules soient-elles, qu'il laisse sur son passage. Ainsi, il est capable d'apporter rapidement des correctifs aux quelques maladresses que sa nature humaine aurait pu commettre, et ce, bien avant que les symptômes du dysfonctionnement ne commencent à se manifester, s'assurant ainsi que son énergie vitale est bel et bien investie dans la direction de son intention originelle.

Des dirigeants ou des employés n'ayant pas encore atteint un niveau de conscience suffisamment élevé créent eux-mêmes des dommages énergivores par des décisions, des attitudes et des comportements contre-productifs dont les impacts négatifs les éloignent de leurs propres objectifs et de leurs propres rêves, ceux-là mêmes qu'ils considèrent pourtant comme les plus importants.

Mais, pour l'instant, tout comme Mélia l'abeille, ils ne s'en aperçoivent tout simplement pas...

Le roi et les pions

Une caractéristique de l'entreprise traditionnelle parmi les plus frappantes consiste à considérer les dirigeants comme faisant partie d'une classe à part, une sorte de caste supérieure à celle des employés sous leur direction. Dans les années 1960, un dirigeant en savait probablement beaucoup plus que ses employés, ces derniers étant souvent utilisés pour leur force physique, pour des travaux manuels, pour des tâches cléricales ou d'autres fonctions très normalisées. On n'était pas encore rendu dans l'économie du savoir et du numérique. On pouvait disposer des employés comme d'un vieux mouchoir et rien n'y paraissait du point de vue de la productivité. Celui qui remplaçait l'employé déchu pouvait typiquement atteindre le même niveau de performance que le précédent en quelques jours, sinon en quelques heures.

Les lecteurs de ce livre comprendront certainement que cette manière de faire et de penser ne pourrait plus fonctionner de nos jours tout simplement parce que dans les années 1960, le savoir était détenu presque exclusivement par les dirigeants et, qu'aujourd'hui, ce sont surtout les employés qui détiennent le savoir et le talent. Or, n'est-il pas surprenant de constater que nombre de dirigeants d'entreprises traditionnelles considèrent encore aujourd'hui les employés comme de simples exécutants, moins importants qu'eux, et facilement remplaçables ?

Cette manière de voir et de faire est tellement ancrée dans les cerveaux et les coutumes que, souvent, les employés eux-mêmes se considèrent inférieurs aux dirigeants. Ils pensent sincèrement qu'ils sont payés pour exécuter, pour se conformer et pour obéir.

Tout ceci fait penser aux schémas inadaptés de Jeffrey Young. Ce psychologue américain a développé la schémathérapie, laquelle explique qu'un individu se comporte d'une telle manière simplement parce que les modèles qu'il a connus dès son enfance lui servent d'unique référence pour interpréter la réalité. Et, selon Young, ces modèles anciens représentent LA vérité, ils sont irréfutables pour certains Êtres humains qui n'ont jamais appris à remettre en question les mécanismes profonds dictant leurs comportements.

Ces entreprises traditionnelles malmenées et déphasées dans la réalité par des approches désuètes n'ont jamais appris à remettre en question leurs manières *de faire, de voir et de vivre* leur quotidien. De ce fait, elles ne peuvent rivaliser avec leurs concurrentes, les Organisations Conscientes, dont les dirigeants et les employés réfléchissent et remettent en question leurs certitudes et s'efforcent continuellement d'élever leur niveau de conscience.

L'obéissance et la conformité

Ceux qui dédient leur vie professionnelle, et une bonne part de leur vie personnelle, à réaliser le rêve des autres – et ils sont nombreux – ont une vie tellement occupée, se déroulant à une vitesse ultrasonique, qu'il ne leur reste plus beaucoup de temps pour rêver et pour réfléchir à ce qu'ils veulent vraiment dans leur propre vie. Le niveau élevé d'endettement de beaucoup de ces Êtres humains laisse d'ailleurs supposer qu'une perte d'emploi ne serait pas géniale. Si on se fie aux dernières statistiques disponibles sur le web, le taux d'endettement des ménages occidentaux par rapport au revenu disponible est comme suit : 128 % aux États-Unis, 163 % au Canada et 90 % en France. Donc, *obéir* et *se conformer* répond parfaitement aux besoins de survie de ces Êtres humains piégés dans l'engrenage travail-dettes.

Les entreprises traditionnelles ont, depuis toujours, échafaudé leur manière de voir, de faire et de vivre l'entreprise sur des règles, des formalités et des normes auxquelles les employés doivent obéissance et conformité, s'ils désirent conserver leur emploi. D'ailleurs, toutes les structures d'évaluation de la *force* de travail sont, encore aujourd'hui, très largement basées sur la capacité de chacun à exécuter le plus exactement possible ce qui est prescrit, idéalement sans trop remettre en question le pourquoi de la chose. D'un seul coup de baguette dogmatique, l'intuition, l'imagination et les initiatives qui risqueraient de sortir du « cadre établi » sont neutralisées ; Jeffrey Young peut donc se reposer tranquillement puisque sa théorie ne risque pas d'être démentie de sitôt.

Sans s'en rendre compte, l'entreprise traditionnelle empêche ainsi la manifestation du talent de ses meilleurs créateurs de valeur qui préféreront se conformer aux règles plutôt que de recevoir des réprimandes. L'obéissance et la conformité donnent l'illusion bénéfique d'*ordre* et de *discipline* tandis que, dans les faits, elles asphyxient l'intuition, l'audace et l'innovation.

Les coûts ainsi reliés aux occasions ratées et à la productivité privée du génie humain sont énormes, mais cachés. Puisque les écrans radars de l'entreprise traditionnelle ne sont pas conçus pour détecter ces subtilités que l'on ne peut percevoir d'emblée, tous peuvent dormir en paix sur le confortable oreiller de l'illusion.

Chapitre 5

Dysfonctionnements et pertes d'énergie

Voici le dernier chapitre traitant des maux qui affligent l'entreprise traditionnelle et qui l'empêchent de performer à son plein potentiel. Soyez très attentifs en lisant, tentez de reconnaître les germes toxiques qui emprisonnent votre propre entreprise dans le statu quo et qui absorbent le meilleur de son énergie vitale. Réfléchissez attentivement aux exemples d'attitudes et de comportements qui vous éloignent discrètement – mais combien efficacement – de vos rêves les plus importants, du bonheur et de la prospérité. Comme les virus, les conflits et dysfonctionnements sont parfois très subtils, très petits, et semblent souvent inoffensifs. Mais ils sont capables de paralyser les fragiles mécanismes de la dimension humaine responsables de la création de valeur étonnante.

Les dysfonctionnements et les conflits présents dans votre entreprise – et peut-être aussi dans votre vie personnelle – se déploient habituellement sous l'écran radar de la conscience, bien dissimulés dans la normalité du quotidien. Mais, telle une braise qui n'attend que le retour du vent pour permettre au feu de reprendre du service, ces deux consommateurs d'énergie vitale ont un puissant droit de veto sur votre bonheur et votre prospérité et n'attendent qu'une distraction de votre part pour s'activer.

Plus vous deviendrez un fin observateur de vous-même, plus vous serez en mesure de détecter, d'intercepter et de neutraliser les attitudes et les comportements ainsi que les conflits et les dysfonctionnements qui ne contribuent pas positivement au succès de votre entreprise, de votre vie professionnelle et de votre vie personnelle. Dès cet instant, vous serez capable de mettre en place une culture organisationnelle qui favorise la manifestation du meilleur de chacun. C'est à ce moment seulement que se dévoileront devant vous les quelques chemins discrets menant à la réussite exceptionnelle.

Métamorphoser une entreprise traditionnelle en Organisation Consciente n'est pas une mince tâche. Mais les dirigeants et les employés qui auront l'audace, le courage et la vision de mettre en place un tel chantier verront, à coup sûr, leurs efforts fortement récompensés en procurant à leur organisation un avantage concurrentiel difficile à imiter, superbe porte d'entrée de la réussite exceptionnelle. Bonne lecture attentive!

L'effet papillon

Comme le démontre si bien l'« effet papillon », l'impact négligeable n'existe pas. L'empreinte de votre passage n'est jamais négligeable. Dans l'entreprise traditionnelle, on passe naturellement par-dessus de petits écarts de conduite, on ferme les yeux sur de minuscules maladresses répétitives, ce qui facilite grandement la « gestion » des problèmes et des relations humaines, croit-on. Éventuellement, une jurisprudence locale s'établit de facto et les tenants du « J'ai toujours fait ça comme ça!» s'étonnent de plein droit. L'effet papillon prend son envol.

Attitudes et comportements contre-productifs

Dans une cellule familiale, les enfants observent sans cesse l'adéquation entre les paroles prononcées et les faits et gestes de leurs parents. Dans l'entreprise, les employés observent constamment la cohérence entre les politiques et les discours des dirigeants, incluant les comportements et les attitudes de ces derniers. Dès qu'une seule contradiction survient – j'ai bien dit *une seule* –, le doute en profite pour s'infiltrer machiavéliquement, endommageant ainsi les racines de la confiance, et menaçant, de son souffle fétide, le feu parfois vacillant de l'engagement.

Ces dirigeants qui ne tarissent pas d'éloges envers leurs employés lorsqu'ils parlent aux médias, mais qui, dans le quotidien, sont avares de reconnaissance et de soutien, coûtent cher à l'entreprise. Ces dirigeants ne semblent pas comprendre tout l'or que représente l'effort discrétionnaire consenti volontairement par un employé motivé et mobilisé, et comment leur incohérence vient saboter le tout ; leurs paroles, leurs attitudes et leurs décisions contre-productives et incohérentes se chargent de faire obstacle à la plus puissante énergie créatrice de valeur qui soit : l'engagement.

Tout comme le battement d'ailes d'un papillon peut transformer le calme en tempête, certains dirigeants inconscients ne réalisent tout simplement pas combien leurs attitudes et leurs comportements inconscients, si subtils soient-ils, réussissent admirablement, et assez facilement d'ailleurs, à saper les embryons de la réussite exceptionnelle.

Une longue liste de dysfonctionnements et de pertes d'énergie enveloppe de sa toile les entreprises traditionnelles, totalement inconscientes de la fragile mécanique de la création de valeur. Des coûts s'additionnent et la souplesse plie l'échine devant les attitudes et les comportements des dirigeants et des employés qui minent la capacité de l'entreprise traditionnelle à manifester le meilleur d'elle-même. Cette dernière cherche désespérément les chemins de la réussite dans le contexte de la nouvelle réalité socioéconomique-numérique et elle tente simultanément de se protéger de ses ennemis, tandis qu'en arrière-plan ses dirigeants et ses employés s'affairent à la saboter et à lui compliquer la tâche. Pas facile la vie d'entreprise en ce vingt et unième siècle!

Mauvais signaux

Toujours sous la thématique des pertes d'énergie induites par toutes sortes de facteurs souvent dissimulés dans la normalité, on retrouve d'autres attitudes et comportements contre-productifs, dont les corollaires créent des effets négatifs presque toujours exponentiellement plus importants que l'impulsion initiale. Prenons, par exemple, un directeur de section qui demande gentiment à Alain, un de ses employés, s'il peut lui accorder un peu de temps de travail supplémentaire pour terminer un projet dont la date d'échéance arrive trop rapidement. Ce dernier refuse tout aussi poliment en offrant une excellente raison sans laquelle, précise-t-il, il aurait été heureux de pouvoir l'aider. Depuis ce refus – c'est du moins la conclusion subjective à laquelle sont arrivés les membres de l'équipe –, Alain se voit privé de nombreuses offres avantageuses qui sont pourtant offertes aux autres membres de l'équipe. Le directeur porte toujours son beau sourire et semble encore propulsé par son enthousiasme légendaire. Mais, en sourdine, subtilement, quelque chose semble se passer entre Alain et lui, bien que ce dernier nie avec véhémence tout ressentiment.

Les autres membres de l'équipe ont très bien vu, eux, ce qui s'est passé. Ils ont observé le changement d'attitude du directeur envers Alain à la suite du refus de ce dernier. Le message a passé! L'authenticité a pris peur et s'est, depuis lors, déguisée en apparence. On s'adaptera et on tentera de faire fuir ce qui est *vrai* au profit de la *bonne entente* avec le directeur. Toutes les réunions à venir porteront le fardeau de la crainte et le masque de la prudence et, à la prochaine occasion, on ira rêver au *directeur idéal* dans les pages de Jobboom.

Le mal est fait. Le désengagement flirte avec la démobilisation. Une spirale négative soulève la poussière de micros-irritations du passé, celles-là qui étaient pourtant oubliées depuis longtemps. Les structures qui semblaient si solides révèlent soudainement leur grande fragilité. Des souvenirs de l'ordre de l'infinitésimal refont surface : l'effet papillon n'en demandait pas autant.

Les coûts reliés à ces dysfonctionnements sont incalculables pour l'entreprise. Mais personne ne s'en apercevra jamais, le tout se déployant sur le plan du non-dit. Inutile d'accuser la colonne des passifs ou la faiblesse des revenus : l'encre bleue et l'encre rouge ne connaissent pas le langage du cœur.

Le commérage

Voilà une vraie toxine que je me plais à classer sous la rubrique des « maladies ». Toutes les maladies étant des symptômes de quelques causes en amont, le commérage forme un panneau indicateur montrant la plus pure essence de l'ego squattant l'Être humain. Il semble que la « maladie » affecte certaines personnes plus que d'autres, en tout cas selon mes humbles observations, même si, en réalité, tous les Êtres humains sont attirés par le commérage.

En rapportant les potins, l'Être humain se sent « spécial », car *il sait* des choses que les autres ne savent pas et, en les dévoilant, il obtient une attention particulière ; il se délecte de ces petits moments où il sent que sa vision morale est supérieure à celle des autres, surtout lorsque d'autres approuvent son discours et se scandalisent autant que lui.

Cependant, un Être humain muni d'un niveau de conscience plus élevé sera capable d'intercepter la pensée négative qui émerge de son mental et il pourra la neutraliser, juste avant qu'elle ne se transforme en commérage. Toutefois, l'Être humain n'ayant pas encore acquis les outils et les habiletés du Savoir-Être conscient tombera rapidement dans le piège de l'ego, permettant ainsi au commérage de s'en donner à cœur joie et de répandre sa toxine.

Le commérage représente une distraction majeure pour les créateurs de valeur qui performent particulièrement bien dans un environnement sain, libre de conflits et de dysfonctionnements. Les personnes qui répandent les rumeurs sèment leurs toxines délétères et, souvent, ne se doutent même pas de la spirale négative qu'elles contribuent à alimenter. La perte de confiance, l'isolement, le climat de peur et de tension sont des exemples d'impacts négatifs du commérage, qui auront tôt fait de saper l'esprit d'équipe, empêchant ainsi le groupe d'accéder à son plein potentiel ; et voilà que l'entreprise doit, encore et encore, encaisser des pertes de toutes sortes.

Paperasse et réunionites énergivores

S'il y a un sujet qui fait l'unanimité, c'est bien celui-ci. Les entreprises traditionnelles sont souvent aux prises avec des méthodes de travail désuètes et contre-productives : la paperasse, les rapports et surtout les fameuses réunions inutiles. Cet ensemble fait figure de *dos-d'âne* installé sur le chemin de la productivité et de la créativité. De nombreux dirigeants et employés sont d'ailleurs d'accord sur ce point. Pourtant, ils ne semblent pas prêts à changer.

La tendance de l'Être humain à se protéger ou à vouloir démontrer sa grande utilité pourrait-elle expliquer, du moins en partie, le phénomène *paperasse et réunionites* ? C'est du moins l'intéressante hypothèse que je vous soumets. Mais, pendant que vous réfléchissez à cette brûlante question, le compteur des coûts continue d'afficher des montants de plus en plus élevés. Les nombreuses heures investies dans des activités improductives sont perdues à jamais sans avoir rapporté quoi que ce soit. De surcroît, la démobilisation et la distraction qu'elles occasionnent représentent des coûts encore plus élevés pour l'entreprise traditionnelle en manque d'énergie vitale et en perte d'altitude.

L'effet papillon est aux aguets, une fois de plus. Il profite de chaque opportunité pour répandre son pollen toxique. Rien ne lui échappe : l'irritation causée par ces piles de documents qui demandent de l'attention et dont on ne comprend pas l'utilité est bien réelle ; et ces réunions qui n'apportent rien sauf l'impression d'une perte de temps apportent la frustration ; et ces obligations tatillonnes qui absorbent une impressionnante quantité d'énergie vitale nuisent à la création de valeur. Voilà autant de débris encombrant le chemin de la réussite et privant l'entreprise de l'attention de qualité de ses meilleurs créateurs de valeur.

L'impact et son écho

La responsabilité de performance de l'entreprise n'appartient pas seulement aux dirigeants. Les employés tirent aussi un énorme avantage à performer à leur plein potentiel, car une entreprise en santé et heureuse représente pour ces derniers un environnement plus susceptible de permettre la réalisation de leurs aspirations personnelles et professionnelles les plus élevées. Ceux qui comprennent les mécanismes des coûts et bénéfices associés à l'impact, négatif ou positif, de chaque parole, geste, action, comportement ou attitude deviennent les créateurs de leur destinée et, de ce fait, se donnent un grand pouvoir de contrôle sur leur propre vie.

Il y a toujours un impact associé à chaque comportement. Il est d'ailleurs souvent visible et immédiat. Et les coûts associés aux impacts négatifs ne sont jamais négligeables, jamais. Mais il y a aussi l'écho qui revient une fois que l'impact de la *vague principale* a fait son œuvre. Cet écho fait penser à la vague qui revient en sens inverse une fois qu'elle a frappé le rocher sur le rivage. Cette *deuxième vague* s'infiltre alors sous le flot des premières vagues, passant ainsi inaperçue, mais créant un effet de succion susceptible de piéger les nageurs imprudents.

Ces deuxièmes vagues sont très malignes, notamment par leur capacité à désamorcer la confiance et la passion. Elles sont furtives et se fondent dans la normalité du quotidien. Lorsqu'on détecte ces *deuxièmes vagues*, les dommages qu'elles ont réussi à causer sont déjà importants et parfois même irréversibles, surtout lorsqu'elles ont envahi l'environnement de travail d'une entreprise traditionnelle peu habituée aux communications conscientes.

Des coûts et des coups qui s'additionnent et l'argent qui s'envole, affaiblissant ainsi davantage une entreprise pourtant en quête d'énergies nouvelles. En conséquence, l'espoir de survivre aux changements provoqués par la nouvelle réalité socioéconomique-numérique s'amenuisent à chaque coup.

Ainsi, un dirigeant *réagissant* à une situation au lieu d'y *répondre* peut facilement créer une première vague qui ira frapper de plein fouet un précieux collègue qui se sentira humilié, subtilement bien sûr! Les collègues témoins du manque de bienveillance de leur dirigeant prendront bonne note de l'attitude négative du PDG, et ajusteront leur comportement futur en conséquence: jusqu'à nouvel ordre, un filtre sera appliqué sur l'authenticité, et l'engagement sera ajusté en fonction du gain personnel. L'employé ainsi bousculé qui, jusqu'à présent, ne rappelait pas les chasseurs de têtes insistants qui lui avaient téléphoné prendra une journée de congé dès demain pour aller voir ce qui se passe ailleurs. Voilà pour l'écho de l'impact.

Quels coûts rattachez-vous à ce retournement de situation où des employés authentiques, mobilisés et engagés deviennent soudainement prêts à quitter l'entreprise ? Quels sont les impacts reliés à un superviseur qui perd patience ? L'effet papillon, l'impact et son écho ne perdent pas de temps pour saisir l'occasion de saboter ces catalyseurs qui permettent au talent et au savoir-faire de se manifester à leur plein potentiel. Une entreprise traditionnelle impuissante sortira encore une fois affaiblie par l'attitude inconsciente d'un dirigeant honnête et sincère, mais qui ne réalise pas combien les petits détails sont des ingrédients déterminants pouvant faire basculer une réussite annoncée vers un échec évitable.

Les vrais enjeux éludés

Dans les prochains chapitres, vous verrez que certains dirigeants, honnêtes et sincères, prennent des décisions qui sont incohérentes avec leurs objectifs, manquant ainsi le rendez-vous avec la *vraie* réussite. Ils choisissent souvent les chemins faciles, ceux-là d'ailleurs empruntés par presque tous les dirigeants des autres entreprises traditionnelles, ce qui les rassure grandement. Mais, en réalité, ces raccourcis leur permettent seulement de contourner la réflexion, l'intuition et l'imagination, créant ainsi l'illusion que le temps ainsi économisé leur permettra d'atteindre leurs objectifs plus rapidement. Et puisque la *quantité* reçoit une mention plus honorable que la *qualité* sur la balance du court terme, un faux sentiment de réussite imprègne toute l'organisation de son illusion fourbe.

Pleine lumière sur une réalité qui se déploie peut-être, en ce moment même, dans votre propre quotidien.

Mauvais casting

Dans le livre *First, break all the rules*, les auteurs Marcus Buckingham et Curt Coffman soulignent l'importance du bon casting, lorsque vient le temps d'assigner les rôles pour la conduite d'un projet ou de toutes les autres fonctions de l'organisation. D'ailleurs, les meilleurs films de l'histoire du cinéma ne sont-ils pas ceux qui nous ont surtout marqués par l'exceptionnelle distribution des rôles ? *Travailler avec les forces de chacun*, au lieu de perdre temps et énergie à tenter d'inculquer les caractéristiques du profil désiré à une personne qui n'a pas la tête de l'emploi, représente une sérieuse économie d'énergie et évite probablement l'échec du projet, selon les auteurs du livre.

Ainsi, j'ai beaucoup d'empathie pour ces entreprises – soumises soit à la rigidité de certaines règles syndicales, soit au bon vouloir de dirigeants tentés par le favoritisme – dont les projets sont menés par des candidats imposés qui ne possèdent pas les caractéristiques optimales recherchées, et ce, bien que le candidat *idéal*, possédant cependant moins d'ancienneté, se trouve sur la liste des candidats potentiels. Des dirigeants tentent parfois de transformer une personne renfermée et solitaire en leader inspirant et mobilisateur pour pourvoir un poste important.

L'Entreprise, en tant qu'entité vivante, doit parfois se désoler profondément en constatant la bêtise humaine lorsqu'il s'agit du casting. D'un côté, elle voit l'équipe idéale qui pourrait générer un feu d'artifice extraordinaire – une équipe dynamique, débordant d'enthousiasme et de passion, et bien guidée par un chef de projet électrisant, enthousiaste et compétent – et de l'autre côté, elle connaît à l'avance les dégâts annoncés en se faisant imposer, bien malgré elle, un casting dysfonctionnel dont les critères de sélection ont plutôt obéi à des règles édictées par des Êtres humains souffrants, maladroits et prisonniers de protocoles fossilisés.

Les coûts associés à ce genre d'erreurs humaines *évitables* affaiblissent davantage l'entreprise traditionnelle au potentiel pourtant très prometteur, mais dont les acteurs mal choisis et mal dirigés ne pourront créer l'effet spectaculaire espéré. Le scénario, pourtant excellent, croupira sous le poids d'un casting qui n'est pas à la hauteur du suspense.

Microgestion coûteuse

Les dirigeants de l'entreprise traditionnelle choisissent parfois la microgestion comme style de management dans leur entreprise. Une connaissance, même superficielle, de la nature profonde de l'entreprise traditionnelle nous permet aisément de comprendre le lien de cause à effet expliquant cette propension à s'intéresser exagérément aux petits détails, pendant que l'essentiel est négligé. Les dirigeants, formés à l'enseigne d'une philosophie « vieille énergie », n'ont pas appris les mérites de la confiance inconditionnelle, le *TRUST*. Ils sont plutôt convaincus de posséder un « savoir » qui doit être transmis, sans distorsion, au *suivant*, selon un protocole bien enrobé de formalités normées.

Récemment, une PDG d'une moyenne entreprise que je nommerai madame Daisy m'a étonné par son attachement à la microgestion. Cette dame aux talents et au savoir-faire incroyables – qui est d'ailleurs passée de secrétaire à PDG millionnaire en seulement quelques années – soutient que sa réussite s'appuie largement sur la microgestion au quotidien. Elle en fait d'ailleurs ouvertement la promotion. Elle ne comprend pas en quoi la microgestion pourrait se révéler une pratique désuète et contre-productive de nos jours. Elle ne souscrit d'ailleurs pas à l'énoncé de Steve Jobs qui disait : « C'est de la folie d'embaucher un être humain ayant un immense talent et, par la suite, de lui dire quoi et comment faire. »

Tout comme madame Daisy, de nombreux micromanagers tombent dans le piège de la pensée possessive qui les pousse à croire qu'il n'y a qu'une seule manière de faire les choses : la leur, idéalement ! Ils sont convaincus qu'en imposant à leurs subordonnés une *méthode de travail précise*, les objectifs seront atteints plus rapidement, et avec plus de succès. À très court terme, cet énoncé peut sembler vrai, surtout si on recule au temps où le changement se déployait lentement. Mais, dans la réalité contemporaine où un nouveau changement survient à chaque battement de cœur, *une seule* manière de voir, de faire et de vivre l'entreprise peut rapidement mener le succès dans un cul-de-sac étant donné la faible quantité d'options offertes à l'imagination et à la créativité.

La microgestion tue littéralement l'initiative, la créativité et l'enthousiasme des Êtres humains qui ne demandent pourtant que de créer et d'expérimenter dans un cadre sécuritaire où les essais sont encouragés et les erreurs sont permises. La microgestion robotise et lobotomise ces Êtres humains intelligents et talentueux qui pourraient, pourtant, apporter un vent de fraîcheur et de dynamisme à l'entreprise qui doit lutter à chaque instant pour relever le défi de la nouvelle réalité d'affaires contemporaine.

Le seul avantage de la microgestion consiste, en fait, à apporter un faux sentiment de sécurité et d'efficacité à des dirigeants en manque de confiance en eux-mêmes et dans les autres. L'attachement à leur unique univers connu et mille fois exploré leur apporte un profond soulagement, et la seule idée de s'en éloigner, même temporairement, les perturbe.

Juste à côté, une redoutable concurrente, l'Organisation Consciente s'apprête à conquérir facilement les clients de cette entreprise ankylosée, affaiblie et asphyxiée, soumise depuis trop longtemps à un régime sévère alimenté par une pensée unique et qui se prive de l'intuition et de la géniale créativité de ses employés talentueux.

Dans le chapitre intitulé « La réussite préméditée », un antidote à la microgestion qui permet d'activer l'intuition, l'imagination et la créativité de vos meilleurs talents vous sera dévoilé. Des idées seront bousculées, des perspectives nouvelles émergeront !

L'entreprise prise en otage

L'entreprise saine apporte d'énormes bénéfices à ceux qui l'habitent, notamment le bonheur et la prospérité. Lorsque, cependant, je vois des dirigeants prendre des décisions abjectes envers leurs employés ou leur entreprise, ça ne me fâche même plus, un élan de grande empathie prenant plutôt la relève. Les inconvénients et frustrations qu'ils s'infligent ainsi sont énormes et je crois vraiment que ces dirigeants, honnêtes et sincères, agissent par pure inconscience, et je refuse de croire qu'ils sont simplement masochistes.

Lorsqu'un père de famille se comporte en dictateur à la maison et tente d'imposer ses points de vue, au lieu de créer des liens de grande qualité, il ne comprend tout simplement pas combien il pourrait s'offrir une vie plus heureuse et plus satisfaisante s'il choisissait plutôt des attitudes et des comportements inspirants. Mais ça, il ne le sait pas. J'ai donc beaucoup d'empathie pour ces Êtres humains qui passent à côté du bonheur et de la réussite seulement parce qu'ils ne voient pas, pour l'instant, les nombreux avantages d'agir autrement, ne connaissant probablement pas de solutions de rechange.

Lorsque je suis témoin de conflits entre syndicats et employeurs, j'ai l'impression de revoir une vieille cassette qui rejoue en boucle des vieux scénarios éculés où les acteurs s'infligent mutuellement de graves blessures et finissent invariablement par résoudre leurs conflits et se serrer la main à la fin du film. Comme si les graves lacérations, les contusions et le sang qui jaillit faisaient partie des petits trucs favorisant la résolution des différends.

L'*Entreprise*, en triste observatrice impuissante, visionne le mauvais film de série B et tente, en vain, de comprendre ces Êtres humains qui s'adonnent à des exercices masochistes qui les blessent, les appauvrissent et les divisent. L'*Entreprise* voit, d'un côté, les défis quasi insurmontables nouvellement imposés par la nouvelle réalité socioéconomique-numérique et qui demandent un urgent ralliement de toutes les forces vives en son sein et, de l'autre côté, ses dirigeants et employés qui se vident de leur énergie vitale, de leur motivation et de leur passion dans des conflits toujours inutiles.

Y aurait-il, parmi vous, de charitables Êtres humains ayant un niveau de conscience plus élevé qui pourraient venir expliquer à ces dirigeants et à ces employés à quel point leurs attitudes et leurs comportements vont à l'encontre de leurs propres intérêts supérieurs ?

Je me souviens d'un film qui racontait la vie d'un homme, que je nommerai Roger. Un matin, il se leva et se laissa entraîner dans ses pensées négatives qui le mettent rapidement de très mauvaise humeur. Au déjeuner, il ne sourit ni à sa femme ni à ses enfants tant il était irrité en se remémorant une vieille histoire de jeunesse qu'il n'avait jamais digérée. Son café semblait goûter l'eau de vaisselle et il avait l'impression, ce matin-là, que la vie était pourrie. En retard pour son premier rendez-vous de la journée, il partit avec empressement et fila à vive allure, ce qui lui valut une contravention pour excès de vitesse et conduite dangereuse. La journée débutait à peine que les problèmes s'empilaient déjà, sans parler de son arrivée tardive à son important rendez-vous. La rencontre avec son client majeur tourna au vinaigre alors qu'un soupçon de patience et d'humour aurait suffi pour lui permettre de ramasser le plus gros contrat de l'histoire de son entreprise. Au retour, en direction vers son bureau, il rencontra un ange effectuant un travail de recherche pour son archange. L'ange proposa son aide en lui permettant de revenir en arrière, au début de sa journée malheureuse, afin qu'il puisse refaire des choix plus avantageux pour sa qualité de vie et une meilleure réussite en affaires.

Alors, à sa deuxième tentative, Roger se leva à nouveau le même matin et ses pensées le mirent de nouveau de mauvaise humeur. Il savait, cette fois-ci, combien cet état négatif était contre-productif. Rien n'y fit. Il choisit quand même de revivre la même journée cauchemardesque que la précédente. Arrivé à la fin de cette seconde journée aussi épuisante et désastreuse que la précédente, le même ange se présenta de nouveau à un Roger honteux. L'ange était très surpris de constater que cet Être humain avait décidé d'emprunter les mêmes chemins que ceux de la veille, malgré sa récente expérience plutôt catastrophique. Incrédule, et dans la plus totale incompréhension, l'ange lui demanda pourquoi il avait encore choisi ce chemin qu'il savait pourtant si pénible. Roger, ne pouvant fournir d'explications logiques, constata les dégâts et avoua que tout ce mauvais cirque ressemblait simplement à de l'entêtement mélangé à une bonne quantité d'orgueil. L'ange, occupé à terminer son travail de recherche, lui offrit une autre opportunité de se reprendre.

DYSFONCTIONNEMENTS ET PERTES D'ÉNERGIE • 137

Permettez-moi de sauter quelques détails et d'aller immédiatement à la fin de l'histoire. Il aura fallu trois itérations additionnelles pour que Roger choisisse finalement d'intercepter et de neutraliser la fameuse pensée négative qui émergeait constamment dès son réveil. Ainsi, Roger fut de bonne humeur au déjeuner avec sa femme et ses enfants, il quitta la maison à l'heure prévue, arriva chez son client à temps, aucune contravention au menu, et il décrocha le fabuleux contrat. De retour à la maison, il célébra avec sa famille la beauté de la vie, le bonheur de leur relation familiale et le succès de son entreprise.

Chaque fois que je vois un conflit entre employeurs et employés, l'histoire de Roger me vient en tête. Les Roger de ce monde ne semblent tout simplement pas comprendre qu'ils sont les créateurs de leur entreprise, de leur syndicat et de leur réussite commune ; ils ne visualisent vraisemblablement pas les incroyables avantages qu'ils pourraient retirer d'une communication de grande qualité, du respect mutuel, de la générosité réciproque, de la confiance et de toutes ces attitudes et comportements positifs qui seraient capables de les propulser vers la réussite exceptionnelle et permanente. Ils choisissent plutôt d'affaiblir la structure de leur propre entreprise, celle qui les nourrit, par des décisions, des comportements et des attitudes incompatibles avec la manifestation de la réussite et du bonheur.

L'entreprise traditionnelle est sans cesse prise en otage par ceux qui l'habitent, dirigeants et employés sans distinction. Il y a les gros conflits comme les arrêts de travail, mais il y a aussi les petits et moyens conflits interpersonnels et interservices, sans parler des nombreux dysfonctionnements systémiques, des *ralentissements* de travail, de quelques sabotages, de la cupidité des uns, des commérages des autres, des fraudes brutes ou finement dissimulées en planifications stratégiques, des communications ratées, et j'en passe.

Pauvres entreprises prises en otage, et, malgré tout, tellement résilientes, bien que malmenées sur tous les fronts
alors qu'elles ne demandent pas mieux que de contribuer à la
réussite de la vie professionnelle et personnelle de ses dirigeants et de ses employés. Quelles pertes d'énergie vitale au
moment même où la *vraie* menace à la survie et à la prospérité de l'entreprise frappe à la porte et s'apprête à déverser
le chômage dans son sillon. Toutes les énergies vitales
devraient plutôt se rallier et travailler ensemble pour relever
les immenses défis apportés par la nouvelle réalité
socioéconomique-numérique.

L'oie aux œufs d'or

Pendant que des dirigeants impatients poussent la machine
à produire plus, dans un temps plus court, les créateurs de
valeur, eux, n'ont plus le temps de créer de la valeur, encore
moins de valeur étonnante! Ils ne se reconnaissent même
plus dans un environnement de travail où les dirigeants les
considèrent encore comme des citrons qui n'attendent
qu'une pression additionnelle pour donner quelques gouttes
supplémentaires de leur précieux génie.

Puisque ces créateurs de valeur «pressés» sont devenus
très mobiles grâce à la nouvelle réalité des médias sociaux et
des applications numériques propulsées par internet à haut
débit, ils consacrent plutôt leurs meilleures énergies vitales à
chercher un autre emploi où ils espèrent pouvoir exercer leurs
talents et leur savoir-faire dans un environnement de travail
que leur candide utopie visionne sur l'écran de leurs rêves.

Ces dirigeants qui tuent l'oie d'or dans l'espoir avoué de
mettre plus rapidement la main sur le précieux butin
manquent complètement le bateau. Ils veulent accéder rapidement au succès alors qu'ils s'affairent plutôt à construire

sur les fondations de l'échec. Ils espèrent la pérennité de leur entreprise alors qu'ils poussent leurs meilleurs créateurs de valeur dans les bras des concurrents. Ils se sentent débordés et sont anxieux et, en même temps, ils adoptent des attitudes et comportements qui sapent la confiance et la bienveillance de ceux-là mêmes qui auraient pu les épauler et les rassurer.

Ces dirigeants, simplement inconscients des vrais enjeux et des conséquences de leurs agissements, sont aveuglés par l'appât du gain et par la pression du court terme qu'ils cultivent d'ailleurs eux-mêmes soigneusement. Comme l'énorme déversement provoqué par une conduite d'eau maîtresse qui éclate dans le sous-sol de la cité endormie, l'énergie vitale de ces entreprises mal dirigées et mal inspirées fuit à plein débit. Et, pourtant, le succès était là, tout juste à côté, à la distance d'une seule décision intelligente et inspirée, à un simple battement de cœur de l'impatience. Pendant ce temps, le vrai enjeu, celui de la dimension humaine, passe totalement inaperçu.

Profits : objectif ou résultat ?

Au sommet de la liste des priorités stratégiques d'un très grand nombre d'entreprises traditionnelles, on retrouve fréquemment *le rendement accru du capital*. Lorsque j'ai demandé à de nombreux dirigeants ce que l'expression *priorité stratégique* signifiait pour eux, ils ont unanimement répondu à peu près ceci : « Ce sont des points importants, des repères, des phares qui devraient normalement obtenir une très grande partie de l'attention des dirigeants et guider leurs décisions. » Continuons notre analyse.

Le rendement accru du capital : cette expression aride et vastement remplie d'interprétations, n'a aucune chance de stimuler les employés créateurs de valeur lorsqu'à l'aube, leur réveille-matin s'active ; voilà un savoureux exemple de platitudes que l'on retrouve trop souvent dans des énoncés de priorités stratégiques de l'entreprise traditionnelle. *Le rendement accru du capital* n'est qu'un résultat que l'on pourra simplement constater à la fin de l'année financière et que l'on écrira par la suite dans une colonne appropriée du grand livre comptable. Pourtant, cette expression passive aux allures innocentes, lorsqu'élevée au titre de priorité stratégique, n'est pas si inoffensive qu'elle n'en paraît. Elle révèle la triste réalité de dirigeants perdus et confus entre l'essentiel et l'accessoire, ou entre le cliché désincarné et le message rassembleur et porteur de sens.

Pour stimuler la productivité et la créativité étonnante – deux éléments cruciaux qui permettent d'accroître le *rendement du capital* –, il faut, prioritairement, mettre en place un environnement de travail qui favorise l'émergence des conditions essentielles capables, justement, de stimuler la productivité et la créativité étonnante.

Voilà donc une vraie priorité stratégique qui mérite l'attention des dirigeants, voilà des objectifs beaucoup plus précis et mesurables. Ces fameuses *conditions essentielles*, dont nous parlerons plus loin, contiennent tous les ingrédients nécessaires pour propulser les forces vives de l'entreprise vers des sommets encore insoupçonnés, permettant ainsi de créer de la valeur étonnante qui, elle, permettra d'obtenir des profits tout aussi étonnants. Alors, les entreprises qui investissent une importante partie de leur énergie vitale à *viser* une cible appelée « profit » passent à côté des vrais enjeux, qui sont, en fait, ces mécanismes, en amont, qui favorisent l'émergence des profits ; ce sont eux, ces mécanismes, qui ont besoin d'une attention de qualité de la part des dirigeants.

La priorité au cerveau et au talent : le cœur attendra

Dans l'entreprise, le savoir-faire et le talent, c'est important, voire essentiel ! Sans ces deux vecteurs de création de valeur étonnante, l'entreprise ne pourrait subsister bien longtemps. Mais, **c'est le Savoir-Être conscient qui est déterminant**. On l'a vu dans le prologue avec l'exemple de Tiger Woods.

D'un côté, dans la sphère intellectuelle, on aperçoit le cerveau et sa capacité à analyser, à organiser et à créer des nouvelles avenues techniques. D'un autre côté, celui du cœur, qui connecte à une plus grande intelligence, on retrouve le discernement, l'équité, la dimension humaine avec sa capacité à créer des liens de qualité, à motiver, à mobiliser, à écouter ses besoins et ceux des autres. Dans ce même espace, il y a aussi l'énergie vitale qui nourrit la passion et l'enthousiasme, invitant ainsi l'intuition et l'imagination à éveiller et à stimuler le talent.

Lorsque l'équilibre cerveau-cœur est cultivé, on retrouve des employés et des dirigeants équilibrés et heureux qui forment une organisation superbement capable de créer de la valeur étonnante.

Malheureusement, la plupart des entreprises actuelles sont de type « traditionnel ». Ainsi, c'est le cerveau qui domine sans partage. Le cœur attend patiemment son tour, qui ne vient que très rarement. Pendant cette longue période d'attente, les pertes d'énergie sont énormes, la productivité est anémique et la création de valeur fait du surplace. Ces entreprises de la vieille énergie ne comprennent tout simplement pas que la vraie force de propulsion du génie créateur se trouve dans la dimension humaine, le cœur de toute innovation étonnante.

De l'incongruence à l'incohérence

Plusieurs philosophes affirment que ce qui distingue l'homme de l'animal se trouve dans sa capacité à raisonner. Lorsque j'observe les agissements de certains Êtres humains, notamment des dirigeants et des employés peuplant les entreprises, des doutes m'envahissent; on retrouve tellement d'incohérences, de conflits et de dysfonctionnements dans nombre d'entreprises traditionnelles, que ma conviction vacille.

Par exemple, des objectifs sont précisément définis, mais les actions poussent plutôt dans une direction opposée. On veut un environnement de travail qui favorise la manifestation du plein potentiel de chacun, mais les conflits et les dysfonctionnements sont tolérés, voire cultivés. On embauche un employé très talentueux, mais on est incapable de le retenir. On désire motiver la haute direction à atteindre des objectifs corporatifs élevés, mais on met en place des incitatifs qui encouragent l'enrichissement personnel à court terme au détriment de la pérennité de la réussite de l'entreprise. On veut un salaire plus élevé, mais on ne contribue pas à son plein potentiel.

Les incongruences et les incohérences coûtent très cher et occasionnent aux entreprises traditionnelles d'importantes pertes d'énergie qui ne pourront jamais être récupérées pour produire de la valeur pour leurs clients. Voyons ensemble quelques exemples étonnants.

Le client prétexte

Beaucoup d'Êtres humains décident de joindre les rangs d'une entreprise par passion pour leur travail et leur désir de mettre leur expertise à pleine contribution, comme l'artiste qui adhère à un atelier de peinture pour le plaisir de partager les délices de son art. D'autres vont au travail pour combler leurs besoins matériels. Ces derniers arrivent le lundi matin et n'attendent que l'arrivée prévue, et soigneusement planifiée, du vendredi soir pour *revivre* intensément. Entre-temps, leur vie se dilue et se dilate entre les parenthèses de ces deux journées symbolisant respectivement les nuages et le soleil.

L'entreprise traditionnelle est malmenée. Elle *souffre* de son mieux avec les outils qu'on veut bien lui donner. Elle sait, par expérience, que les clients devraient normalement obtenir la plus grande partie de l'attention de ses commettants. Or, ce n'est pas ce qui se passe dans la réalité : les clients sont rabaissés au niveau d'un prétexte. Ils ne sont que des figurants. Les enjeux discutés à l'intérieur des murs de l'entreprise, les pensées qui circulent dans les cerveaux, les décisions prises chaque minute, les choix d'attitudes et de comportements, les dépenses et investissements concernent trop souvent d'autres cibles que les clients, ces derniers étant perdus dans le brouillard de l'incongruence et de l'incohérence qui occupent beaucoup de place dans ces entreprises distraites par leurs dysfonctionnements structurels.

Pourtant, les clients représentent le seul canal capable de procurer à ces entreprises, aux employés et aux patrons, les bénéfices tant attendus lorsque la réussite est au rendez-vous. Sans les clients, la vie professionnelle et la vie personnelle en souffrent durement, car les emplois disparaissent et les revenus familiaux s'effondrent.

Rémunération, incitatifs et cibles ratées

En observant attentivement les structures de salaires mises en place dans de nombreuses entreprises traditionnelles, on voit que les dirigeants, surtout les hauts dirigeants, bénéficient parfois d'une rémunération équivalent à des dizaines, voire des centaines, de fois le salaire médian de leurs meilleurs créateurs de valeur. Est-ce à dire que ces dirigeants génèrent de 20 à 300 fois plus de valeur que leurs meilleurs employés clés ? Voilà un mythe et un mensonge à déboulonner. De nombreux analystes de la scène des affaires ont aussi souligné le fait que ces salaires semblent dotés d'une particularité spéciale : ils montent en flèche lorsque l'entreprise améliore son bilan, mais ils ne diminuent habituellement pas dans le cas contraire.

J'ai aussi été témoin en 2015 d'une aberration spectaculaire concernant ces salaires : une grande entreprise canadienne dans le secteur de l'énergie a accordé de généreux bonis à ses dirigeants et à certains employés afin de récompenser la remarquable augmentation des bénéfices durant l'année qui venait de se terminer. Or, la seule raison expliquant l'accroissement des profits était exclusivement reliée aux très basses températures sur une longue période, un record historique, durant l'hiver précédant le dépôt des résultats financiers, ce qui a occasionné une demande accrue et donc un accroissement des revenus du même ordre. On récompense donc maintenant les dirigeants pour les comportements imprévisibles de Dame Nature ? Est-ce que des diminutions de salaire seront appliquées lors d'hivers très doux ?

Il y a aussi des dirigeants qui reçoivent des incitatifs financiers pour créer des conditions favorables à l'augmentation de la valeur boursière. Ce genre de *bonbons* a, plus d'une fois, encouragé la fraude et la manifestation de la cupidité humaine ; il suffit en effet de doper artificiellement et, probablement malhonnêtement, la colonne des revenus et de réduire temporairement celle des dépenses afin d'impressionner des analystes financiers naïfs ou distraits et, ainsi, obtenir les divins bonis. Je ne parlerais pas de ces malversations si ces magouilles n'avaient pas été publiquement dévoilées ces dernières années, notamment le scandale de la Wells Fargo qui faisait rage aux États-Unis en septembre 2016.

Dernièrement, une société dans le domaine de l'investissement industriel a présenté un bilan dont les résultats étaient en baisse de 30 % par rapport à l'année précédente. Malgré tout, beaucoup de dirigeants et employés ont quand même reçu une prime de 10 % « afin de garder les gens mobilisés », a déclaré le PDG aux investisseurs médusés. Ces incohérences et non-sens ne font qu'accentuer le sentiment d'écœurement et de cynisme de nombreux investisseurs lorsqu'ils réalisent comment ces entreprises sont gérées.

Bien que ce mensonge soit maintenant exposé publiquement, cette pratique n'a pas beaucoup changé. Les actionnaires salivant devant l'hypothétique perspective d'un rendement accru du capital devraient plutôt s'atteler à changer les pratiques de gestion qui nuisent, très efficacement d'ailleurs, à l'atteinte de résultats exceptionnels, et devraient récompenser très fortement les vrais créateurs de valeur. Et, comme nous l'avons maintes fois répété, ces dirigeants devraient aussi s'intéresser davantage à comprendre les mécanismes en amont de la création de valeur afin de cultiver un environnement de travail qui favorise l'accès au plein potentiel pour ceux par qui le succès peut arriver.

Je suis certain que vous pourriez vous-mêmes raconter des anecdotes à faire rager. Ce qui me fait le plus frémir, cependant, c'est le sourd silence de nombreux observateur de la scène financière. Résignation et sentiment d'impuissance, tacite complicité ou manque d'information ? Je ne peux dire avec certitude, mais je constate simplement que beaucoup de ceux qui sont censés protéger nos investissements et agir en bon père de famille envers les biens qui leur sont confiés se retrouvent plutôt en train de se vautrer dans la boue de leur malhonnêteté, pigeant allègrement dans le coffre-fort dont ils ont la garde, sous les regards désengagés des membres de leur conseil d'administration qui leur sont inféodés.

Ces graves dysfonctionnements qui s'apparentent à de la fraude en col blanc expliquent les causes de l'échec de plusieurs entreprises mortes épuisées au bout de leur sang.

Communications confuses et signaux ambigus

Je vous rappelle que cette section a pour objectif de vous sensibiliser à toutes ces formes de dysfonctionnements qui consument l'énergie vitale de l'entreprise traditionnelle. Et cette énergie consumée par la frustration, le stress ou le découragement ne sera plus jamais disponible pour créer de la valeur dans votre entreprise. Elle est gaspillée à jamais. L'équivalent d'une seule demi-journée par employé perdue chaque semaine à cause d'un environnement dysfonctionnel coûte quelques millions de dollars en salaire à l'entreprise moyenne, de l'argent utilisé à nourrir la frustration au lieu d'être disponible pour soutenir les créateurs de valeur. Et il y a bien plus que le coût des salaires ; l'environnement dysfonctionnel crée de la distraction, ce qui permet à certaines opportunités de passer inaperçues et ainsi d'atterrir dans la cour des concurrents, sans que vous en ayez conscience.

L'impact de ces pertes d'énergie sur la performance globale de l'entreprise n'est jamais négligeable. L'Être humain a tendance à ignorer les petites choses, dont certaines sont mortelles malgré leur petite taille.

En 2015, des biologistes canadiens spécialisés dans l'étude des orignaux ont découvert que de plus en plus de bêtes mouraient d'épuisement, littéralement au bout de leur sang, à cause de milliers de tiques qui s'accrochent à ces bêtes sans défense, et se nourrissent de leur précieuse hémoglobine. Une tique, ça va, quelques dizaines aussi peut-être, mais éventuellement, l'impact se fait sentir concrètement. En fait, dès la première tique, il y a un impact. Il est petit, mais il est là. À mesure que les petits impacts s'additionnent, les conséquences deviennent mesurables et perceptibles pour l'Être humain observateur et, éventuellement, certaines fonctions vitales ont de plus en plus de difficultés à remplir leur mission.

Dans l'entreprise, chaque perte d'énergie a aussi un impact. Oui, un impact qui affecte la réussite de l'organisation. Parfois l'impact est si minime à première vue qu'on le qualifie de négligeable. Cependant, je vous assure qu'il n'y a pas d'impacts négligeables. Il y a peut-être des impacts dont on ne voit pas les effets négatifs sur le coup, mais ils ne sont pas négligeables. Dans l'entreprise traditionnelle, on opte plutôt pour la version voulant que certaines fuites d'énergie soient « raisonnablement » négligeables et fassent même partie *du jeu*. De même, pour le corps humain, les premiers symptômes de certaines maladies potentiellement mortelles attirent à peine l'attention, même celle d'un observateur scientifique vigilant. Pourtant, ces indicateurs aux allures infinitésimales montrent une anomalie qui, si elle n'est pas urgemment corrigée, sera bientôt capable de consumer une importante quantité de l'énergie vitale de son hôte.

Les communications confuses, justement, ont un impact négatif majeur, mais, souvent, se manifestent initialement très discrètement. Commençons par des petites coquilles « négligeables ». Votre superviseur vous dit que vous serez bientôt considéré comme candidat de premier choix pour diriger un projet très excitant qui est actuellement dans la mire des dirigeants. Vos questions enthousiastes n'obtiennent pas vraiment de réponses précises, car ledit projet est encore au stade de l'hypothèse. Vous vous voyez déjà promu, vous en discutez à la maison. Votre excitation est palpable. Votre productivité augmente, poussée par une montée d'ardeur et de bonheur. Les jours et les semaines passent et votre superviseur tente de vous éclairer davantage, mais ses réponses floues et contradictoires vous incitent à la prudence émotive. Votre superviseur vous annonce finalement qu'un concours sera organisé pour le choix du futur directeur de projet. L'excitation suscitée par l'annonce initiale s'atténue. Vous n'êtes plus certain de ce qui se passe, ni à l'extérieur ni à l'intérieur de vous.

Plus le temps passe, plus les questions surgissent. L'euphorie du début laisse place à la quasi-déception, voire à la frustration. Vous décidez de ne plus vous laisser distraire par vos pensées agitées. Seulement, vous vous rendez compte que vous avez perdu « votre flamme bleue » pour ce projet en cours. Votre superviseur revient finalement avec de nouvelles informations laissant entendre qu'un directeur de projet provenant de l'extérieur pourrait aussi être considéré. Trois jours plus tard, vous acceptez une entrevue avec un chasseur de têtes.

Dans un autre exemple, le PDG de votre entreprise rappelle, dans une webdiffusion, l'importance des comportements éthiques pour son organisation. Dans son discours mensuel aux employés – qui sera plus tard diffusé sur le site web à l'attention des actionnaires, des fournisseurs et des clients –, il souligne l'importance de l'authenticité, de l'honnêteté et de l'attachement à des valeurs de haut niveau, comme la protection de l'environnement, la contribution à la communauté, un environnement de travail libre de peur et de harcèlement et, finalement, l'équilibre travail-famille.

En même temps, tous les dirigeants et employés de votre entreprise connaissent la longue histoire d'un directeur de section de votre entreprise dont le niveau de langage et les agissements sont dignes d'un dictateur et ne correspondent pas aux beaux énoncés entendus en webdiffusion. De plus, des rumeurs persistantes concernant les longs doigts de monsieur le directeur avec la gent féminine ne se démentent pas. Pourtant, au courant de l'année, deux plaintes pour harcèlement ont dûment été déposées contre ce directeur de section avec le seul résultat que les plaignantes ont choisi de quitter l'entreprise étant donné le peu de sérieux accordé à leur requête par la haute direction. Personne n'affichait de réelle volonté d'intervenir étant donné que monsieur le directeur est le fils d'un important client de l'entreprise avec lequel votre PDG joue fréquemment au golf. Tous les employés ont bien vu que l'essence du beau discours annuel du PDG ne concordait pas avec la réalité sur le terrain.

Ces histoires sont cousues de gros fils aux couleurs vives, mais il y a d'autres histoires de communications confuses ou ambiguës qui sont plus discrètes, subtiles à volonté, et dont les impacts négatifs semblent inexistants à première vue. Prenons l'exemple des entreprises se disant ouvertes aux initiatives et suggestions de leurs employés, mais qui, en même temps, établissent un cadre de travail excessivement normé où les employés sont considérés comme des robots devant se conformer à des tâches hyper-scriptées qui ne laissent aucune place aux suggestions. Tous savent bien qu'il n'existe aucun espace disponible dans leur entreprise pour les propositions d'amélioration provenant de ceux qui exécutent ces tâches… malgré les beaux discours faisant état de l'ouverture et de la collaboration patrons-employés.

Dans un autre exemple, des dirigeants utilisent les mots *créateurs de valeur*, *partenaires* ou *associés* en parlant de leurs employés, mais ces derniers voient quotidiennement les coupe-feu étanches qui séparent les deux classes d'Êtres humains dans leur entreprise: les dirigeants grassement payés – mais qui, pourtant, produisent peu de valeur – et les vrais créateurs de valeur, dont le salaire est infiniment plus faible.

Un dernier exemple provient d'un directeur qui m'expliquait que ses patrons venaient de lui confier la direction d'*un projet majeur, fondateur de la nouvelle prospérité pour l'entreprise*, lui a-t-on dit. Dès le premier jour dans sa nouvelle fonction, le nouveau directeur de projet constata cependant que l'enveloppe budgétaire et l'échéancier imposés étaient totalement irréalistes, sans parler des outils et du soutien inadéquats. Un ravin d'une profondeur abyssale séparait le beau discours devant les journalistes et politiciens subventionnaires de la réalité sur le terrain : devant le rideau, les promesses et la ferme volonté de soutenir les acteurs sur la ligne de front et, derrière le rideau, des manigances obscènes démontrant le peu d'intérêt de la haute direction pour le projet.

Ces exemples de communications contradictoires et confuses sèment le doute, et ce dernier est une toxine maléfique pour la confiance – elle-même un élément essentiel pour la création de valeur. Lorsque vous n'avez pas confiance dans la bonne volonté ou le jugement de votre patron, êtes-vous prêts à vous engager corps et âme ? Êtes-vous prêts à mobiliser vos énergies discrétionnaires et à utiliser du temps de votre vie personnelle, et à les investir pour soutenir le rêve d'une autre personne en qui vous n'avez pas confiance ? La réponse se trouve déjà dans votre cœur, votre intuition étant amplement capable de la ressentir.

Et j'insiste à nouveau : dites-moi combien coûtent à l'entreprise ces communications confuses et contradictoires ? Combien coûte à l'entreprise l'effondrement de la passion, de la motivation et de l'engagement ? Combien coûte un employé clé, à haut potentiel, qui décide d'aller voir ce qui se passe ailleurs ?

Patrons et syndicats en guerre

Dans la nouvelle réalité socioéconomique-internet contemporaine, les entreprises sont exposées à des défis dont l'ampleur dépasse très souvent les ressources disponibles. Les défis se présentent notamment sous forme de changements profonds, rapides et fréquents, le tout sur fond d'une économie et d'une société en forte mutation. Les parts de marché que l'on croyait acquises se dissolvent du jour au lendemain sous l'effet de la dernière mode diffusée par les nouveaux médias sociaux. Une nouvelle concurrente très énergique, n'ayant pas encore de prédateurs, présente à vos *fidèles* clients de nouveaux produits dont vous-mêmes enviez les attributs distinctifs. Voilà la nouvelle réalité d'affaires actuelle.

Il semble que des groupes ennemis fortement armés se soient infiltrés derrière les premières et dernières lignes de défense de l'entreprise traditionnelle, en faveur de la nuit de son aveuglement. L'assaut pourrait être donné d'une journée à l'autre par une Organisation Consciente rôdant dans les parages. L'heure est au rassemblement urgent des forces vives plutôt qu'à la dispute à l'interne.

Dans notre société occidentale – gâtée par des décennies de domination économique et par une qualité de vie nettement supérieure à d'autres nations, notamment celles des continents d'Afrique et d'Asie –, le réveil pourrait être particulièrement pénible, car quitter le douillet statu quo et tenter de survivre exigeront la remise en question de nombreux acquis, autant du côté patronal que syndical.

La plupart des entreprises contemporaines sont, théoriquement, capables de vaincre l'*ennemi*, mais le gros problème réside dans le fait que leurs personnes-ressources ne sont ni disponibles ni préparées pour le combat, étant bien trop occupées à se chamailler entre elles plutôt qu'à travailler ensemble contre le vrai ennemi commun. Bien qu'une menace de mort imminente soit suspendue au-dessus de leur tête, patronat et syndicat continuent de se traiter en ennemis tandis que leur union potentielle recèle la clé de leur survie, de leur réussite et de leur pérennité.

Il suffit de lire les journaux pour s'apercevoir que les mentalités en matière de relations de travail n'ont pas beaucoup changé depuis 30 ans. Si changements il y a, ils sont petits et lents. Personnellement, je ne les vois pas. D'un côté, on retrouve de *méchants patrons abuseurs et incompétents* et, de l'autre, on se plaît à dépeindre les syndicats en *revendicateurs immatures* et *enfants gâtés*. Pendant ce temps, l'Entreprise observe silencieusement, impuissante et découragée, ses propres parties internes se disputer ; comme si le corps humain était témoin d'une altercation entre le cœur et les poumons, ces derniers accusant le premier de limiter le flux sanguin, et le premier se plaignant de subir un faible apport d'oxygène dû à la paresse des poumons. Enterrée par les bruits et les cris générés par l'altercation, la sonnerie d'alarme du système immunitaire déstabilisé passe inaperçue.

Il semble parfois que l'entreprise traditionnelle soit déjà trop malade et souffrante pour considérer une nouvelle perspective de travailler ensemble, plus logique et mieux axée sur la réalité. Les coûts prohibitifs associés à ces incroyables inconsciences collectives, formidablement illustrées par les guerres patrons-syndicats, continueront à affaiblir l'entreprise traditionnelle – au grand plaisir de sa concurrente, l'Organisation Consciente, qui n'attend que le bon moment pour déclencher l'assaut final ; et remarquez que ce dernier ne sera peut-être même pas nécessaire puisque l'entreprise traditionnelle semble très bien s'occuper elle-même de son propre démantèlement, apparemment sans besoin d'aide extérieure.

Voilà la quintessence du dysfonctionnement et de l'inconscience. Autant les patrons que les syndicats sont complices de ce naufrage annoncé par leur attachement au passé et par leur incapacité à prendre conscience de toutes les pertes d'énergie et des blessures qu'ils infligent à leur propre entreprise, leur oie aux œufs d'or, celle par qui le bien-être de leurs familles et l'épanouissement de leur vie professionnelle et personnelle peuvent arriver.

«*Imagine*», comme disait John Lennon, la force créatrice d'une exceptionnelle puissance que pourrait créer l'union intelligente et consciente des patrons et des syndicats. Imaginez si les deux entités comprenaient parfaitement les vrais intérêts communs qui les unissent. Imaginez ces anciens ennemis métamorphosés en formidables partenaires concentrant leurs efforts et leurs énergies à relever ensemble les défis contemporains qui menacent leur entreprise et leur bien-être personnel.

L'utopie au service de l'imagination et du rêve est parfois très utile pour permettre à l'*intelligence* de se rallier au *cœur* afin de dégager de nouvelles perspectives hors du statu quo, permettant ainsi de surprendre la menace et de lui infliger un cuisant revers.

Hiérarchie en recherche de sens

L'entreprise traditionnelle est malmenée à l'interne comme à l'externe. Seule la nature de la menace est différente ; la structure de cette dernière est la même. Il suffit d'observer le comportement des Êtres humains dans l'entreprise pour mieux comprendre pourquoi cette dernière ne peut accéder à son plein potentiel. Parfois, seule une toute petite fraction de son potentiel créateur peut se manifester, et il s'agit alors d'un miracle de résilience étant donné les conflits, les dysfonctionnements et les graves incohérences qui font rage en permanence en son sein.

Pour coiffer le tout, le haut de la hiérarchie, cette entité d'où devraient pourtant provenir la sagesse, l'inspiration, la vision, l'encouragement et le soutien, celle qui devrait envoûter les forces vives de l'entreprise par son leadership d'influence et transformationnel, cette hiérarchie a perdu le sens de sa mission! Elle est en déroute; aux prises avec des guerres d'influence, des conflits de personnalités, un leadership affaibli, voire absent, sans vision et sans empathie, juchée dans sa tour d'ivoire où elle s'est isolée, la hiérarchie ne peut plus accomplir son vrai rôle de guide et de protecteur. Rien ne va plus.

Hiérarchie étanche et distante

Dans la nouvelle réalité socioéconomique-numérique, la *création de valeur* s'est grandement rapprochée des clients. Elle a migré du haut vers le bas de la hiérarchie, délaissant les dirigeants pour se rapprocher de ces Êtres humains talentueux au savoir-faire étonnant que l'on appelait encore hier les « simples employés ».

Certains dirigeants de l'entreprise traditionnelle n'ont pas encore compris que l'édification des structures de la réussite ne passe plus par les mêmes canaux cérébraux qui l'alimentaient encore hier; ces dirigeants se privent ainsi d'un atout considérable en sous-estimant l'extraordinaire pouvoir créatif de ces génies qu'ils considèrent comme de « simples employés ». Tant que l'ancien paradigme « patron-qui-décide, employés-qui-exécutent » formera la pierre angulaire du modèle de gestion de ces entreprises, les parts de marché de ces dernières continueront de dégringoler à la vitesse prévue par la loi universelle de la gravité d'Isaac Newton.

Qu'il en plaise ou non aux Êtres humains, honnêtes et sincères, peuplant le haut de la hiérarchie, les temps ont changé. Autrefois, durant le règne sans partage de la vieille énergie fossilisée, les employés étaient au service des dirigeants, ces derniers étant retranchés dans leurs bureaux feutrés aux portes capitonnées, loin du bruit de ces espaces réservés à la production. Ce temps est terminé; un intense changement de paradigme a remplacé les vieilles perspectives d'hier. Aujourd'hui, des *équipes dirigeantes*, humaines et plus conscientes, se sont mises au service des producteurs de valeur. Leur rôle consiste principalement à s'assurer qu'aucun obstacle ne viendra obstruer les canaux de communication et les chemins permettant aux créateurs de valeur d'avoir accès à leur plein potentiel génial. Fin de la hiérarchie étanche, verticale, distante, tellement coûteuse... et simplement dépassée.

Balises rompues ou absentes

Vous avez certainement déjà observé, en faisant vos courses à l'épicerie ou lors d'une sortie en famille au restaurant, des parents qui ont visiblement de la difficulté à contenir l'énergie débordante de leurs enfants. Vous avez parfois même conclu que certains enfants ne semblent pas avoir l'habitude d'entendre un petit mot de trois lettres qui s'écrit comme ceci: *NON*. En fait, peut-être l'entendent-ils parfois, mais ils n'y portent plus vraiment attention, car le petit mot aux propriétés autrefois magiques a été vidé de son sens puisque rien ne semble se produire lorsqu'ils l'ignorent. Et il y a bien plus amusant encore: ces enfants en apprentissage rapide ont aussi compris qu'il suffit d'accroître, sous forme sonore ou par des mouvements étranges, l'intensité de leur énergie contrariée pour que leur volonté soit faite, ou pour obtenir d'autres faveurs, comme des bonbons ou des permissions spéciales par exemple. L'enfant apprend très rapidement à l'école de la vie.

Ces petits chérubins deviennent éventuellement grands, et ces nouveaux adultes tenteront de reproduire l'environnement de leur enfance. Ils se retrouvent donc dans une entreprise où des balises très raisonnables, souples et inspirantes encadrent un environnement de travail que tous veulent sain, respectueux, ouvert, agréable, stimulant et accueillant.

Encore faut-il que les Êtres humains de l'entreprise ajustent leurs attitudes et leurs comportements afin de tenir compte des balises que la communauté s'est données, ce qu'ils omettent parfois de faire. Ils franchissent donc ponctuellement la frontière de la bienveillance et les témoins tentent, habituellement avec succès, d'ignorer la scène. Un dirigeant dépasse la limite imposée par la cohérence, et ses collègues ferment les yeux. Il semble ainsi que personne n'ose intervenir et défendre les balises de crainte que l'ego froissé du contrevenant n'exprime vigoureusement, sous forme sonore ou par des mouvements étranges, sa forte contrariété. Puisque rien ne semble se produire lorsqu'ils transgressent les balises, certains Êtres humains concluent que les limites suggérées ne sont que théoriques.

Et bientôt, le souvenir de la maman qui n'était pas capable de défendre le sens du mot *NON* revient à la mémoire de ces Êtres humains devenus adultes, et ces derniers auront tendance à adopter les anciens comportements de leur enfance leur ayant permis, avec un immense succès d'ailleurs, d'obtenir ce qu'ils voulaient, quand ils le voulaient.

La nature humaine est ainsi faite : elle tente sans cesse d'étendre son emprise sur l'espace environnant, un petit nanomètre carré à la fois, tout comme l'eau qui voudrait bien envahir les espaces voisins si ce n'était des parois du verre qui la contiennent.

Voilà la confusion créée dans un environnement de travail mou où les balises ne sont ni protégées ni défendues, devenant ainsi de simples amas de mots dont les Êtres humains ne comprennent ni l'importance ni la signification réelle. C'est la loi du tout permis et du plus fort qui reprend du service. L'environnement de travail devient n'importe quoi: tout se fait, tout se dit, n'importe quand et n'importe comment – selon la bonne volonté, l'éducation et le niveau de conscience de chacun.

Les coûts reliés à des environnements de travail encadrés par des balises floues ou absentes qui ne sont pas soutenues avec vigilance et rigueur sont réels et majeurs. Pourtant, lorsque cet espace de vie est sain, il favorise la sécurité, le respect et le bonheur, permettant ainsi à chacun d'accéder beaucoup plus facilement à son plein potentiel.

Le leader absent

Pendant que leurs dirigeants s'affairent fréquemment à des activités à l'extérieur de l'entreprise, les créateurs de valeur et les superviseurs de l'entreprise traditionnelle sont laissés sans soutien. Pourtant, ces derniers auraient tellement besoin d'être accompagnés et appuyés par un leader d'influence et transformationnel, mais il faudra attendre encore un peu, car certains dirigeants formés au diapason de l'ancienne énergie ne savent tout simplement pas que leur plus grand rôle doit se jouer sur la scène où les acteurs sont rassemblés.

Les familles dont le père est fréquemment absent souffrent, habituellement, assez silencieusement. La souffrance ne se manifeste pas sous forme de cris, de larmes, de dépression ou de blessures ouvertes, mais plutôt en tant que rendez-vous manqués, apprentissages évaporés, confiance en soi non acquise, vagues sentiments d'abandon, secrets retenus et peines ravalées.

Les pertes d'énergie occasionnées par ces dirigeants absents se calculent en termes d'opportunités ratées, de potentiel créatif inutilisé et de ralentissement de la création de valeur. Bref, leur absence n'est pas sans conséquence.

Valeurs, mission et vision confuses

Un des plus grands gestionnaires de fonds d'investissement au monde, répondant à un journaliste qui l'interrogeait, exprimait ce qui le fascinait le plus chez les entrepreneurs à haut potentiel en recherche de capitaux : « Souvent, ils sont incapables de distinguer la mission, la vision et les objectifs des projets qu'ils soumettent. » Puis il rajouta : « Et rares sont ceux qui réussissent à décrire leur idée en moins de 30 mots. »

Sur les murs du hall d'entrée, sur Facebook et sur leur site internet, de vénérables entreprises affichent publiquement leur ignorance et leur vide corporatif. De beaux tableaux parlent de vision tandis que ces derniers décrivent plutôt une mission. Les valeurs, la vision et la mission sont entremêlées dans des textes incompréhensibles et parfois incohérents avec leur réalité quotidienne. Ces dirigeants ignorent probablement l'ampleur de l'impact négatif sur les résultats de leur entreprise qui est nourrie par cette confusion. Parfois, les valeurs, la mission et la vision de l'entreprise sont uniquement publiées à l'intention des actionnaires et investisseurs, ou simplement pour soutenir l'image de société auprès de la clientèle et des fournisseurs, tandis qu'elles devraient prioritairement s'adresser aux Êtres humains qui font partie de l'organisation afin de nourrir le sens de leur contribution dans leur quotidien.

N'en doutez point : les employés observent silencieusement l'ignorance et la légèreté de leurs propres dirigeants ainsi dévoilées à travers ces publications officielles ratées. Et, lorsque la communication de haut niveau est bâclée, le message subtil que retiennent tous les membres de l'organisation tourne autour du mot *médiocrité*. Dès l'instant où le cerveau retient que le dirigeant pour lequel il travaille ne semble pas savoir ce qu'il fait, alors la mobilisation et l'engagement en souffrent et les efforts discrétionnaires sont minutieusement retenus pour utilisation future.

L'entreprise traditionnelle recherchant le sens de sa propre existence fait penser à un voilier égaré au milieu de l'océan et dont le mat s'est brisé durant une tempête ; les repères n'existent plus et la dérive amène le bateau dans l'inconnu. Ainsi, l'entreprise traditionnelle, dont les dirigeants trop occupés par leur hyperactivité boulimique quotidienne ont négligé de réfléchir au sens profond de leurs valeurs, de leur mission et de leur vision, voguera à la dérive et échouera quelque part sur les récifs de la nouvelle réalité socioéconomique-numérique contemporaine.

Orgueil, autocratie, intérêts personnels et égoïsme

Que de fuites d'énergie qui, toutes ensemble, drainent l'entreprise traditionnelle de ses meilleurs fluides générateurs d'idées et de richesse. D'ailleurs, l'orgueil et l'égoïsme figurent fréquemment en tête de liste des raisons probables pour expliquer les difficultés, sinon la faillite, de nombreuses entreprises durant la dernière décennie. Des échecs retentissants dans les domaines de la finance, de l'énergie et de la haute technologie ont fait les manchettes ces dernières années et les résultats décevants provenant d'entreprises gonflées de talents s'expliquent trop souvent par l'attitude et le comportement de dirigeants égoïstes, orgueilleux et avides de compensations toujours plus élevées. Il semble que certains d'entre eux ont oublié que leur rôle premier n'est pas de s'enrichir personnellement, mais plutôt de s'assurer que leur entreprise pourra faire le plein de réussites.

Votre intuition vous permet d'ailleurs de comprendre que l'orgueil, l'égoïsme et l'autocratie ne servent pas adéquatement l'intérêt supérieur de l'entreprise : ils sont plutôt de redoutables ennemis pour sa prospérité et sa pérennité.

Sous le couvert d'hommes et de femmes d'action de grande volonté et munis d'une forte personnalité colorée, certains leaders, remarqués et admirés par les investisseurs assoiffés de dividendes rapides, ne sont parfois motivés que par le gain personnel à court terme et la recherche du pouvoir sans partage. À première vue, ils sont impressionnants, ils semblent parfaitement maîtriser la complexe mécanique du succès. Mais, derrière le rideau, leur orgueil et leur style de gestion autocratique ne servent que leurs intérêts personnels. L'entreprise en souffre silencieusement et ce n'est qu'à l'occasion de l'autopsie de cette dernière que les actionnaires comprendront les causes originelles de la maladie mortelle.

Des Êtres humains munis du Savoir-Être conscient regardent ce triste spectacle avec empathie, voyant l'entreprise traditionnelle comme une simple et triste victime d'une prise d'otage, malmenée, les mains liées, sous les regards indifférents d'actionnaires aveuglés, désengagés et assoiffés de ses liquidités, jusqu'à la dernière goutte.

Le loup sans meute

On l'a vu, dit et redit : dans les entreprises traditionnelles, d'innombrables fuites d'énergie épuisent les ressources vitales dont elles auraient pourtant tellement besoin pour faire face aux difficiles défis de la nouvelle réalité d'affaires. Ces fuites d'énergie, provenant notamment des conflits et des dysfonctionnements permanents, sont habituellement assez évidentes pour un observateur averti. Mais puisque les dirigeants et employés croient que « ça fait partie de la vie normale au travail » alors, au lieu d'en éliminer les causes, ils en *gèrent* plutôt les symptômes lorsque ces derniers deviennent trop gênants. Toutes ces pertes d'énergie privent l'entreprise de sa vitalité, élément pourtant essentiel à son fonctionnement optimal. Et parmi les générateurs de fuites d'énergie les plus redoutables, mais qui se manifestent plutôt discrètement, il y a ces dirigeants emprisonnés dans une solitude permanente, complètement isolés.

Ces dirigeants sont seuls et se sentent seuls. Ils sont *victimes* d'un système hiérarchique et d'une *inculture* d'entreprise qui veulent que les dirigeants soient au-dessus de toutes faiblesses. Ils semblent détenir les réponses à tout, ils semblent forts physiquement, moralement et psychologiquement. On croit qu'ils sont équilibrés, heureux et sans souci. Tous les yeux sont constamment tournés vers ces dirigeants, tels les musiciens d'un orchestre symphonique qui observent attentivement le moindre mouvement de leur chef, tels les loups qui guettent constamment leur chef de meute. Mais, dans la réalité, ces dirigeants sont des Êtres humains très seuls ; ils ont des doutes, des peurs, des angoisses, des frustrations, du ressentiment et, parfois, vivent discrètement une sensation d'échec, autant dans leur vie professionnelle que dans leur vie personnelle.

Cette solitude permanente, souvent bien camouflée derrière un agenda d'activités bien garni, ne vient jamais seule. Ces dirigeants solitaires ont souvent perdu leurs repères, ces phares dans la nuit si rassurants, permettant de garder le cap sur la destination choisie tout en évitant les récifs habilement dissimulés.

Comme des loups traqués et privés de leur meute, ces dirigeants isolés doivent réussir – ou du moins en donner une forte impression –, en ne comptant que sur eux-mêmes. Leur condition obligée les prive de l'aide de centaines de cerveaux qui ne demanderaient pourtant que de contribuer positivement à leur succès et à leur bien-être. Ainsi retranchés et sans secours, ils doivent parfois recourir à des stratégies et tactiques dilatoires, le temps de mettre au point des solutions qui permettront de masquer leur impuissance ou leur incompétence. Durant ce parcours allongé, l'éthique et la morale sont parfois sacrifiées sur l'autel des profits et de l'apparence de succès. Ainsi, ce qui aurait initialement pu contribuer à des résultats positifs à long terme se transforme parfois en échec à court terme.

L'entreprise traditionnelle ne peut pas vraiment venir en aide à ces dirigeants à qui les actionnaires demandent de ménager la chèvre et le chou. La structure même de l'entreprise traditionnelle, dont la hiérarchie verticale représente la colonne vertébrale et dont le dirigeant représente la tête, n'a rien prévu dans ses fondements pour appuyer son ou ses dirigeants. Ils sont laissés à eux-mêmes avec, comme seules consolations, le prestige, le pouvoir et de généreuses compensations de toutes sortes.

Ces dirigeants isolés, aux repères perdus, bénis par des investisseurs binaires rompus aux paris de la Bourse, coûtent très cher à leur entreprise. J'ai beaucoup d'empathie pour ces Êtres humains qui ont choisi de se battre pour défendre l'éphémère et le superficiel.

Dogmes, normalités, conformités et statu quo suffocants

Parfois dans la vie, de très petits changements peuvent pro-voquer des résultats positifs ou négatifs dont l'ampleur sur-prend. Vous vous souvenez de l'*effet papillon* dont j'ai fait mention dans un chapitre précédent ? Un petit quart de tour vers la gauche ou vers la droite, aucun effort supplémentaire requis, et la flamme passe du format « allumette » au format « incendie ».

Ainsi, l'Être humain qui décide de dépasser une robuste croyance acquise dans sa jeunesse peut, à sa grande surprise, entrer dans une zone inconnue, mais remplie de réussites et de bonheur. Un dirigeant qui décide de prendre un grand virage vers l'audace et le *TRUST* métamorphosera les forces vives de son entreprise, passant d'un seul coup du mode « latence et normalité » au mode « propulsion et créativité ».

Ce chapitre, le dernier de ce bouquin qui traite des embûches sur le difficile chemin menant à la réussite excep-tionnelle, tente d'attirer votre attention sur vos manières de penser qui sont très souvent responsables de vos échecs, ou, du moins, de vos difficultés à sortir de la masse. Ce sont vos manières de voir, de faire et de vivre l'entreprise qui déter-minent le degré de votre réussite, et non pas l'environne-ment extérieur et ses imprévisibles circonstances de la vie.

Lorsque l'entreprise est propulsée sur une orbite déjà encombrée par d'autres entreprises semblables, la réussite s'avère difficile. Cependant, les dirigeants qui oseront faire autrement et qui défieront les « lois » prescrites par les dogmes et les croyances du passé se donneront accès à un vaste espace gorgé de potentiel inouï où il est facile de déployer l'intuition, l'imagination, le courage, la persévérance, l'audace et la créa-tivité étonnante. Et, croyez-moi, la réussite exceptionnelle sera rapidement attirée par cette nouvelle culture d'entreprise dont raffolent les cerveaux et les créateurs de nouvelles richesses. Mais encore faut-il d'abord en *prendre conscience*.

Des fuites d'énergie érigées en mode d'emploi

Ce qui me fascine le plus chez de nombreuses entreprises traditionnelles est de constater à quel point les fuites d'énergie prolifèrent sans qu'aucune volonté évidente d'améliorer les choses ne se montre le bout du nez. Les conflits et les dysfonctionnements sont même souvent salués par certains spécialistes de la santé mentale comme étant de saines expressions de l'Être humain concernant son environnement. Voilà un discours et des réponses typiques de la vieille énergie.

Votre intuition et votre jugement sont capables de visionner les extraordinaires bénéfices d'un environnement de travail de haut calibre, lieu de très peu de conflits et de dysfonctionnements. Si vous classez cette vision dans les utopies, alors ce livre ne vous intéressera pas, du moins, pas pour le moment. Si, cependant, par un regard plus élevé, vous avez l'élan de voir, de faire et de vivre l'entreprise à partir d'une autre perspective, alors ce livre vous apportera de nombreux éclairages susceptibles de mener votre entreprise, votre vie professionnelle et votre vie personnelle, sur le chemin de la réussite exceptionnelle.

Une chose est certaine: les conflits et les dysfonctionnements ne sont pas des manifestations du plein potentiel de l'Être humain. Alors que le plein potentiel humain tire l'entreprise vers le haut, les fuites d'énergie associées aux conflits et aux dysfonctionnements la tirent vers le bas.

Tous les jours, il y a des gens qui décident d'élever le niveau de qualité de leurs communications dans leur vie de couple. Tous les jours, il y a des gens qui décident de se regarder dans le miroir et qui décrètent que la paresse et la mollesse d'esprit s'arrêtent ici. Il y a des gens qui réalisent que la peur cachée sous forme de doute et d'anxiété, que le stress inutile, que le ressentiment, la jalousie, l'envie ne feront désormais plus partie de leur « normalité » quotidienne. Tous les jours, il y a des femmes et des hommes dont la détermination et le courage reprennent du service et qui se conçoivent un nouveau plan de vie. Tous les jours, il y a des « victimes professionnelles » qui ont méticuleusement construit leur complexe identité autour de l'échec, de la plainte et de la maladie, qui reprennent contact avec leurs forces intérieures, vibrantes et lumineuses, et qui décident d'arrêter immédiatement ce mauvais théâtre. Il y a aussi des bourreaux à la morale spongieuse qui choisissent soudainement le chemin de l'humilité, de l'amour inconditionnel, de la confiance et, surtout, de la prise de responsabilité de leur destinée. Tous les jours, on peut entendre, voir et lire des messages d'espoir provenant d'Êtres humains qui ne demandent qu'à être heureux et qui en ont marre de laisser les autres, les circonstances de la vie et leurs émotions indisciplinées rédiger leur plan de vie.

Lorsque je vois l'entreprise traditionnelle aligner sa myope stratégie organisationnelle quasi exclusivement sur des outils matériels et sur des réflexes capitalistes primaires, abandonnant la dimension humaine loin en arrière-plan, je sais que ses dirigeants ne savent tout simplement pas qu'il existe d'autres vecteurs de réussite beaucoup plus puissants. Je suis profondément convaincu que ces dirigeants désirent pourtant le succès et le bonheur dans leur vie, tout comme vous tous d'ailleurs, mais ils empruntent plutôt le chemin qu'ils ont appris sur les bancs de l'école, et ils roulent sincèrement et courageusement vers un cinglant échec, à coup de fuites d'énergie « hémorragiques ». Tout simplement aussi parce qu'ils ne connaissent pas ou n'osent pas considérer d'autres perspectives!

De vieilles normes élevées en vérités permanentes

Les dogmes et les croyances font plus de dommages sur terre que la famine, la paresse et l'égoïsme réunis! Regardez les guerres modernes, la plupart sont créées et alimentées par des « vérités » permanentes, des dogmes et des croyances, qu'elles soient politiques ou religieuses.

Dans l'entreprise traditionnelle, les dirigeants et les employés ne remettent pas souvent en question les normes du passé alors que ces dernières sont dépassées et proposent des réponses généralement inadaptées aux nouvelles réalités socioéconomiques-numériques contemporaines. Par exemple, on entend souvent des gens d'affaires dire des *bêtises* comme si elles étaient des vérités. En voici quelques-unes : « Il faut imiter nos compétiteurs », « Les employés sont surtout motivés par l'argent », « La compétition est une menace », « C'est toujours mieux de le faire soi-même », « Il faut rester solidement ancré à son plan original », « C'est normal qu'il y ait des conflits », « Ce sont les dirigeants qui déterminent de degré de succès de l'entreprise », « C'est normal pour un dirigeant de travailler plus de dix heures par jour », « On reconnaît les meilleurs au nombre d'heures travaillées », « Le client a toujours raison », « Ce n'est pas bon pour un dirigeant de montrer son côté humain », et je pourrais vous en présenter des centaines d'autres.

Or, ces « vérités » érigées en dogmes nuisent énormément à la création d'idées nouvelles. Ces croyances incontestées forment des chemins que les entreprises traditionnelles empruntent sans poser de questions, chemins menant à des approches périmées, abandonnées depuis longtemps par la réussite. Des débris d'anciennes réussites jonchent encore le sol. Il reste bien quelques petits morceaux d'anciennes recettes utilisables ici et là, mais tout ce paysage aux allures abandonnées rappelle un passé qui s'est retiré, à la faveur de la nuit, devant l'arrivée de la nouvelle réalité d'affaires.

Bien encadrés par leurs croyances, les dirigeants de l'entreprise traditionnelle foncent tout droit devant, à vive allure, sans remettre en question le statu quo, sans consulter leur intuition, ni leur ressenti, ni leur jugement, sans se demander ce qui crée le plus de valeur pour eux, pour les employés, pour les clients et pour les actionnaires. Beaucoup de dirigeants, par exemple, n'osent pas montrer leur vulnérabilité à leurs subordonnés alors qu'une approche pleine d'humilité provoquerait à coup sûr une explosion d'énergies discrétionnaires prêtes à les aider.

Il suffirait, pourtant, de regarder l'envers de chacune de ces croyances pour découvrir une nouvelle perspective permettant de voir, de faire et de vivre l'entreprise. Ainsi, on pourrait se demander si la croyance « Il faut imiter nos compétiteurs » est vraie. Et si l'expression « C'est *normal* qu'il y ait des conflits » résiste à une simple réflexion. Je termine par « Ce sont les dirigeants qui sont les plus importants » en demandant si ce ne sont pas plutôt les employés, ceux-là mêmes qui créent de la valeur, les vrais générateurs de richesse et donc les « plus importants » ? Et si, en plus, on décidait de comprendre la fine mécanique à l'origine des conflits et des dysfonctionnements, au lieu de s'attarder à masquer les symptômes et choisir bêtement la résignation en se disant que « les conflits sont normaux » ?

Ces remises en question pourraient aider à découvrir de nouvelles perspectives capables de transformer le style de gestion de l'entreprise traditionnelle, permettant ainsi d'emprunter des chemins beaucoup mieux adaptés à la nouvelle réalité d'affaires contemporaine.

Les coûts et les coups encaissés par l'entreprise tradition-nelle aux prises avec de tels dogmes paralysants n'ont peut-être pas de rubriques attitrées dans le grand livre comptable, mais c'est lorsque vient le temps de comparer la perfor-mance réelle de l'entreprise traditionnelle avec celle de l'Or-ganisation Consciente que les mots « médiocre » et « excep-tionnel » prennent tout leur relief.

Ces croyances et ces pensées cristallisées font plutôt figure de redoutables obstacles au déploiement optimal des forces vives de l'entreprise. Les vérités permanentes appartiennent souvent, oui surtout, aux domaines religieux, politique et scientifique, là où les remises en question sont pénibles à concevoir par ceux qui en profitent le plus. À cet effet, même les scientifiques ont encaissé, dans le passé et encore récem-ment, des leçons d'humilité difficiles à digérer ; ces gens res-pectables et élevés à la droite de Dieu ont souvent confondu les mots *apprendre* et *savoir* lorsque leurs théories « perma-nentes » se sont révélées, pour être poli, perfectibles. De même, les dirigeants de l'entreprise traditionnelle semblent démunis lorsque le tapis de leurs croyances leur glisse sous les pieds.

Puisque les structures mêmes de l'entreprise traditionnelle sont engluées dans des « manières de penser, de faire et de voir » coulées dans le béton du passé, il ne reste pas beaucoup de place pour l'innovation étonnante, celle-là qui se situe juste de l'autre côté de la clôture séparant les dogmes et les croyances de l'intuition utopique et de la folle imagination.

Et voilà que des opportunités ratées viennent, encore une fois de plus, s'abreuver à même l'énergie vitale de l'entre-prise. On enferme l'audace, le courage, l'imagination et l'in-tuition dans le statu quo en espérant que l'élan cinétique du train traditionnel, à lui seul, suffise pour accéder à une orbite supérieure menant au succès.

Home Sweet Home : zone de confort toxique

Sur une route menant à un extraordinaire centre de villégia-ture où nous prévoyions passer nos vacances de l'été 2004, un pont s'était effondré, probablement à cause des pluies diluviennes des jours précédents. Nous avons dû nous arrêter là, incrédules, et rebrousser chemin, l'ampleur de l'obstacle ne laissant aucun doute sur la suite de notre périple pourtant si bien planifié.

Des routes bloquées, notre mental connaît ça. En fait, tel un pays en voie de développement où les chemins sont encore à l'étape du *work in progress*, la résistance fortement ancrée dans le mental de la majorité des Êtres humains représente un des plus formidables obstacles bloquant tous les accès menant à la vraie prospérité et au bonheur. Il suffit que Dame Zone de confort soulève légèrement le drapeau rouge de la Peur – dont le Doute est le principal porte-parole – pour que sa cousine, Résistance, creuse de nombreux ravins et active les charges explosives sous les ponts, coupant ainsi le chemin qui aurait pourtant pu mener Sieur Courage et Dame Détermination vers la surprenante réussite exception-nelle, là exactement où se trouve l'avantage concurrentiel difficile à imiter. Ces derniers ont plutôt décidé de rebrousser chemin, l'ampleur de l'obstacle apparent ne laissant aucun doute sur la suite de leur projet pourtant si bien planifié.

Le *Home Sweet Home*, ce redoutable contrepoids à la réus-site exceptionnelle, n'épargne personne. Dans l'entreprise traditionnelle, la peur de perdre, la peur de souffrir et la peur du changement semblent beaucoup plus puissantes que le courage, la détermination et l'audace regroupés.

Dans l'entreprise traditionnelle, les coûts engendrés par l'abandon de tous ces projets embryonnaires, audacieux et prometteurs ne feront l'objet d'aucune écriture au bilan puisque déjà classés au rang de « simples réflexions ». Il ne s'agit donc pas d'un échec, le plan ayant été avorté avant même sa conception, lorsqu'encore au stade de la simple idée. Ainsi se rassure-t-on avec ce genre de pensées qui prennent bien soin de nous ramener en zone de confort. Apaisant, rien ne paraît. La peur et le doute ont gagné. La pilule du lendemain a suffi pour interrompre la naissance d'une probable réussite. Le risque et l'audace vous ont donné toute une frousse. Vous l'avez échappé belle. *Home Sweet Home!*

Troisième partie

L'illusion au service de l'embuscade

Chères lectrices et chers lecteurs, puisque vous lisez ces lignes, je conclus que votre ouverture à de nouvelles perspectives et votre persévérance ont eu raison de la paresse intellectuelle et du statu quo. Bravo! vous êtes certainement en train de faire des pas de qualité en direction de vos rêves!

Plus de la moitié du livre vient d'être franchie. Les chapitres précédents ont traité des maux qui affaiblissent l'entreprise traditionnelle et qui drainent l'essentiel de son énergie vitale. Vous avez pris conscience, je l'espère du moins, des coûts et des coups absorbés par l'entreprise à cause d'Êtres humains honnêtes et sincères, mais inconscients, qui font des choix malheureux et qui manifestent des comportements et des attitudes mal alignés sur leurs objectifs personnels et professionnels.

La seconde partie de ce livre débute ici. Immédiatement, sans autre avis, vous entrez dans une zone plus lumineuse où l'espoir et les solutions commencent à se manifester, comme une piste d'atterrissage inattendue qui apparaît soudainement sur l'écran radar d'un avion en perdition.

Mais, attention, vous pourriez être étonnés par l'ampleur du potentiel qui s'offre à vous. Vous pourriez être choqués en prenant conscience de toute la richesse, des nombreuses réussites et de l'importante quantité de bonheur, que vous avez inconsciemment ratés de peu dans le récent passé de votre vie personnelle et professionnelle. Pour le reste, l'horizon s'éclaircit et les promesses d'une réussite exceptionnelle, autant dans votre vie personnelle que dans votre vie professionnelle, émergent de toutes parts. Dès maintenant, à vous de jouer. Bonne continuité dans votre lecture.

Chapitre 6

Votre entourage : amis ou ennemis ?

Diriger une entreprise n'est pas une mince affaire. Bien que les opportunités soient toujours très nombreuses, les pièges et les menaces le sont tout autant. La grande majorité des dirigeants de l'entreprise traditionnelle n'ont pas reçu de formation particulière pour relever les défis de la nouvelle réalité socioéconomique-numérique qui s'érigeront quotidiennement devant eux. Beaucoup sont déjà débordés, fatigués, découragés, et investissent la plus grande partie de leur précieux temps du côté des problèmes plutôt que du côté des opportunités. Ils ne s'en doutent pas encore mais ils devront bientôt doubler d'efforts pour tenter de concurrencer des Organisations Conscientes, beaucoup plus efficaces et productives que leur entreprise traditionnelle. Défi surhumain pour ces dirigeants et employés qui n'ont pas encore appris à élever leur niveau de conscience.

Ces dirigeants, ainsi que leurs employés, me font penser à ces histoires d'amis qui décident de faire un grand voyage en voilier. Ils croient être bien préparés et ils se sentent prêts à affronter l'imprévisible. Ils osent partir vers des destinations exotiques en suivant des circuits peu fréquentés. Ils savent qu'ils devront affronter les pires obstacles, expérimenter des situations difficiles et mettre à l'épreuve leurs connaissances approfondies de la mer. Ils ont tout pour réussir : leur savoir-faire, leur talent et, surtout, la belle amitié commune qui les unit depuis des décennies déjà aux autres membres du groupe.

Pourtant, le retour est pénible. Malgré les eaux houleuses, les pluies diluviennes, les récifs évités de justesse et les vents déchaînés, la *vraie* tempête n'a pas eu lieu en dehors, mais bien *dans* le bateau. Les caractères se sont froissés et les egos ont déclaré la guerre à la coopération et à l'humilité : un point pour l'ego et pour le savoir-faire, zéro pour l'authenticité et le savoir-être. La maturité émotionnelle, elle, a complètement manqué le bateau. Les « grands amis » du départ n'étaient donc que des illusions de surface au service de l'embuscade.

En général, les dirigeants et les employés de l'entreprise traditionnelle, tout comme nos amis marins amateurs, ne sont pas bien préparés pour vivre l'expérience de la nouvelle réalité socioéconomique-numérique qui se révèle sur les écrans radars du monde des affaires : le savoir-être est absent de leur coffre à outils, et leur entourage, qu'ils croient bien connaître, n'est pas toujours là pour les aider. Pourtant, le savoir-être, surtout le Savoir-Être conscient, et un entourage de grande qualité comptent parmi les éléments essentiels, voire déterminants, pour accéder à la réussite exceptionnelle dans cette nouvelle ère de la Cinquième Révolution industrielle.

Dans les prochains chapitres, découvrez qui sont vraiment celles et ceux qui vous accompagnent sur la route de votre destinée. Derrière cette *première dimension* aux apparences formidables se cache parfois une *troisième dimension* névrosée et répulsive. Jetons un regard indiscret derrière le rideau…

L'illusion comme seule lumière

Comme nous l'avons vu dans les chapitres précédents, nombre d'entreprises traditionnelles n'ont que l'illusion pour éclairer leur chemin. Leurs dirigeants se sont enfermés, bien

involontairement, dans un espace reclus où les enseigne-
ments et le *savoir* du passé ne laissent aucune place aux idées
révolutionnaires capables de transformer l'ordinaire en
exceptionnel. Mais l'illusion est plus confortable. Elle permet
de sauvegarder les croyances, voire les transformer en dogmes. Les illusions donnent parfois accès à un certain niveau
de réussite, comparable à celui des autres entreprises semblables, et ça, c'est très rassurant pour les dirigeants et leurs
actionnaires.

Nous avons tous appris dans notre enfance à jouer en
groupe et à nous conformer aux règles du jeu. Des directives,
devant originellement favoriser l'harmonie et la fluidité des
rapports interpersonnels, servirent éventuellement à évaluer
les jeunes Êtres humains et à tracer la frontière délimitant le
connu de l'inconnu.

Cependant, au cours des générations, les manières de voir,
de faire et de vivre ont considérablement évolué, pendant
que les directives, les normes, les formalités et les croyances
développées autour d'anciennes perspectives, se sont, elles,
cristallisées. Ainsi, une puissante illusion fondée sur les
croyances et les dogmes est née, cachant de son épais rideau
la présence de la réalité déployée dans le moment présent.
Ainsi, l'illusion a remplacé la réalité en tant que lumière éclai-
rant la route du changement. Alors, cette illusion, amie ou
ennemie ?

Ces anges que vous n'entendez pas

Les dirigeants des entreprises traditionnelles ne manquent pas
d'exemples récents de réussites exceptionnelles édifiées à
partir de simples idées, elles-mêmes propulsées par l'intuition,

l'imagination, l'audace, la persévérance et le courage. Il suffit de penser aux Facebook, Google, Fintech, Uber, Airbnb de ce monde pour s'en convaincre. Ces réussites ne proviennent pas d'extraterrestres, mais de gens, comme vous et moi, qui ont osé écouter leur intuition et leur imagination.

Ces dirigeants de l'entreprise traditionnelle se sont éventuellement entourés d'Êtres humains sincères, honnêtes, courageux et agréables, capables de leur offrir des perspectives nouvelles et ainsi encourager les imaginations et les intuitions à sortir des sentiers battus. Malheureusement, le statu quo a bien veillé au grain et s'est assuré que les messages révolutionnaires n'atteignent pas le récepteur visé.

Ces anges du changement et de l'ouverture n'obtiennent habituellement pas une oreille attentive puisque leurs messages *hérétiques* menacent de perturber le calme ambiant. Alors, l'entreprise traditionnelle, bien à l'abri des remises en question, continue sa tranquille marche quotidienne sur un chemin connu, là où les certitudes tiennent lieu de macadam. Ces anges, déçus et sans voix, deviendront de précieux témoins lorsque viendra le temps d'expliquer les raisons de la déchéance de ces organisations mal inspirées. Alors, ces anges, amis ou ennemis ?

La réalité crie sa présence

Bien que beaucoup de dirigeants et d'employés d'entreprises traditionnelles considèrent l'illusion comme étant la *vraie* réalité, cette dernière échappe de plus en plus d'indices révélant sa présence distincte. Les changements étourdissants qui ébranlent sérieusement la capacité de digestion des entreprises sont un exemple de la manifestation de la réalité.

Cette dernière augmente la fréquence et l'amplitude de ses signaux pour exprimer l'incohérence grandissante entre les méthodes de gestion du passé basées sur l'illusion et les nouveaux besoins mal desservis du monde des affaires contemporain. La réalité menace la fondation même des connaissances dogmatiques apprises dans les meilleures écoles de gestion. Elle élimine des géants qui faisaient pourtant figure, encore hier, de référence en termes d'excellence et de créativité. Elle met en lumière les attitudes et les dysfonctionnements névrosés qui provoquent des scandales financiers s'étalant fréquemment à pleines pages dans les journaux financiers.

La réalité rattrape le temps des illusions. Elle crève notamment les bulles financières. Elle provoque la chute de sommités politiques. Elle met en lumière des manigances politiques et commerciales déguisées en solutions pour le *bien-être des peuples*. Elle provoque des séparations et des divorces, et remet en question d'innombrables décisions originellement justifiées par le mensonge. Malgré tout, bien que tous l'entendent, peu l'écoutent. Elle crie sa présence, la plupart du temps en vain. Alors, la réalité, amie ou ennemie ?

Dans les chapitres suivants, nous allons mettre, côte à côte, votre entourage, l'illusion et la réalité, sous l'éclairage de puissants projecteurs qui vous permettra de distinguer le vrai du faux, ce que vous voulez vraiment et sincèrement de ce qui vous est dicté par l'ego et la peur.

Vous êtes constamment entourés d'Êtres humains qui disent vouloir contribuer à votre succès. Mais, dans les faits, dans la *réalité*, qu'en est-il au juste ? Quels sont ces gens qui sont prêts à réellement vous aider lorsque la réussite est au rendez-vous ? Et est-ce que ces braves gens demeurent fidèlement au poste lorsque l'échec envahit temporairement votre espace de vie ? Quels sont ceux qui ont la force de l'authenticité pour confronter vos certitudes ? Quels sont ceux qui vous transmettent de l'énergie et ceux qui vous la volent ? Quels sont ceux qui vous aident à évoluer vers une plus vaste conscience et ceux qui préfèrent vous garder petits et inquiets ? En fait, quels sont donc ceux qui sont de *vrais* amis et quels sont les autres qui représentent plutôt une menace à la manifestation de votre plein potentiel ?

Voici donc quelques pistes de réflexion qui sauront sûrement contribuer à créer votre propre destinée.

Chapitre 7

Vos pires ennemis

Détrompez-vous immédiatement : vos pires ennemis ne sont pas nécessairement ceux que vous n'aimez pas ! Bien sûr qu'ils sont surprenants, rusés et souvent indétectables à première vue. Ils infiltrent parfois votre vie jusque dans ses labyrinthes les plus personnels. Ils vous influencent dans des directions contraires à votre intérêt supérieur. Vos pires ennemis, connaissez-les bien, car ils possèdent une clé maîtresse, celle de l'échec et du mal-être.

Vous, vos illusions, vos croyances et vos acquis

Dans les chapitres précédents, nous avons abordé le thème des coûts énergivores qui plombent les énergies vitales dont l'entreprise a tellement besoin en cette ère de survie pour relever le défi de la nouvelle réalité socioéconomique-numérique. Dans le présent chapitre, nous vous amenons sur le chemin d'une prise de conscience de votre environnement *intérieur* qui se comporte parfois en formidable ami prêt à vous aider, et, tantôt, en maléfique belligérant déterminé à vous saboter. Nous verrons des exemples de vos pires ennemis, ceux-là qui veulent votre perte à tout prix, et de vos meilleurs *ennemis*, comme l'autoroute bloquée que vous avez maudite lorsque vous avez raté votre avion... qui s'est finalement écrasé au décollage, quelques minutes plus tard.

Parmi les pires ennemis de l'entreprise, on retrouve les certitudes et les croyances érigées au rang de dogmes. Vous êtes persuadés que vous savez « quoi, pourquoi et comment » puisque votre vaste expérience vous le confirme. Vous êtes donc – avec raison, croyez-vous – très fermés à toutes nouvelles perspectives qui pourraient suggérer des chemins différents... et, probablement, angoissants. « *If it's not broken, don't fix it!* » répétez-vous sans cesse dans votre tête. Et, puisque de toute façon vous *savez*, à quoi bon perdre du temps à sans cesse remettre la *vérité,* votre vérité, en question ?

Très risqués ces dogmes et ces expériences du passé en cette ère nouvelle où les solutions se trouvent en avant et non pas en arrière dans les vieilles énergies du passé. En fait, les vieilles routines représentent souvent « ce qu'il ne faut pas faire ». Elles empêchent l'intuition et l'imagination d'innover, d'explorer les limites du possible, de surprendre le connu et de redéfinir les espaces traditionnels.

Pendant ce temps, l'entreprise traditionnelle se débat dans les filets du « more of the same » tendus par les tarentules de la certitude.

Vos pensées, vos doutes et vos peurs

Dans les chapitres précédents, nous avons vu comment certains états d'esprit vous font croire que le *futur* et le *nouveau* comportent un niveau de risques trop élevé étant donné les faibles probabilités de bénéfices potentiels. Ainsi, les pensées négatives, les doutes, les peurs et les souffrances sont de lourdes afflictions qui bloquent le chemin menant à la réussite à tant d'Êtres humains fatigués d'investir leurs propres énergies à réaliser les rêves des autres. Pour accéder à son plein potentiel, l'Être humain a besoin d'un mental libre de soucis, de peurs et de souffrances. Lorsque les pensées automatiques, répétitives, continues et conditionnées s'en donnent à cœur joie, le mental est beaucoup trop occupé à traiter cette fébrilité cérébrale pour être capable de donner quelque attention que ce soit au cerveau et à l'intuition.

Or, la très grande majorité des gens sont aux prises avec ces malheureux automatismes mentaux qui paralysent toutes les possibilités de créations étonnantes. Ces gens sont incapables d'exploiter leur savoir-faire et leur talent à leur plein potentiel tant leur mental est occupé à digérer le passé et à craindre le futur. Les opportunités devront attendre la prochaine escale pour trouver preneur. À défaut de réacteurs disponibles pour propulser leur intuition et leur imagination, ces Êtres humains, qu'ils soient dirigeants ou employés, devront se contenter d'un vol plané sur l'air suffocant du doute et de la peur.

L'ego

L'ego, ce processus mental automatique présent dans chaque Être humain, remporte la palme du pire ennemi de l'Être humain et de l'entreprise traditionnelle. Cette identité falsifiée, ce faux moi perdu dans le rôle qu'il joue, réussit à tout coup, et assez facilement par ailleurs, à couper les dirigeants et les employés de leur vrai environnement intérieur et extérieur. L'ego carburant à l'illusion tente sans cesse de prouver qu'il a raison, idéalement en démontrant que les autres ont tort. Il n'est jamais longtemps satisfait de « ce qui arrive », la réalité étant son pire ennemi.

Étant donné sa nature profonde, l'ego analyse le terrain du monde des affaires avec les yeux du « vouloir plus », expression de sa permanente insatisfaction ; il veut sans cesse plus de pouvoir, plus de notoriété, plus de succès, plus d'argent, plus d'attention et plus de reconnaissance... plus rapidement. Peu importe les circonstances de la vie, toutes ses énergies – les vôtres – sont d'abord investies dans les stratégies lui permettant d'astiquer son image. Il adore le succès, surtout celui facilement accessible à court terme, car, pour lui, le moyen et le long terme ne sont que des concepts abstraits à haut risque. Il carbure aux récompenses et aux flatteries. Étant privé de compétences, l'ego se rabat sur son habileté à créer l'illusion de son essentialité, et sachez qu'il excelle dans l'art de la duperie, la sienne étant invariablement parfaite.

En présence de l'ego, les liens entre le cerveau gauche et le cerveau droit sont coupés. La logique, l'analytique, la précision et la méthodologie seront bien servies tandis que l'intuition, l'imagination, le bonheur et la passion, l'éthique et la bienveillance seront ignorés.

Pire, lorsque contrôlé par l'ego, le cerveau gauche – pourtant doté d'incontestables habiletés – perd son équilibre lorsque confronté aux changements et aux incertitudes d'un monde en profonde mutation. Friand de données cartésiennes, permanentes et objectives, le cerveau gauche dominé par l'ego semble avoir coupé les ponts avec sa contre-partie, le cerveau droit, ce spécialiste de l'intuition, de la bénéfique réflexion, de la créativité, de l'intelligence du cœur, de l'audace et du courage, donc de toutes ces aptitudes tellement essentielles pour réussir dans un univers où les impondérables figurent aux premières lignes du générique. Ainsi, le cerveau gauche dominé par l'ego fige, hésite et se replie ; il n'ose pas affronter l'inconnu, préférant plutôt le statu quo, sa recette préférée.

Sans aucune hésitation, j'affirme que l'ego compte parmi les pires ennemis de l'entreprise traditionnelle en général et de l'Être humain en particulier. Heureusement, il y a aussi de « bons » ennemis. Voyez donc ce qui suit.

Chapitre 8

Vos meilleurs ennemis

Si vous détestez certaines obligations, ou diabolisez quelqu'un ou quelque chose, ou encore lorsque vous prenez en grippe ceux qui vous ramènent à la réalité, bénissez-les, ils sont vos meilleurs ennemis ! Leur côté « raisonnable » énerve, leur lumière fait parfois mal aux yeux fermés depuis un peu trop longtemps, et leur voix agace les tympans habitués au silence du néant.

Vos meilleurs ennemis sont comme les bandes latérales rugueuses que l'on trouve sur certaines routes : ils rappellent à l'ordre les Êtres humains distraits ou somnolents, et leur évitent fréquemment une souffrante sortie de route. En voici d'ailleurs quelques-uns.

La concurrence

Les Êtres humains n'ayant pas encore appris à élever leur niveau de conscience voient les concurrents comme des ennemis. Ils se sentent menacés. Ils élaborent des stratégies pour les contrer et utilisent fréquemment leur arme préférée : la baisse des prix.

Les concurrents agissent pourtant comme un réveille-matin pour certains dirigeants d'entreprises traditionnelles qui, rappelons-nous, carburent souvent à la peur et au statu quo. Faute de stratégie qui mérite ce nom, l'agenda stratégique des dirigeants de l'entreprise traditionnelle ne réserve souvent aucune place pour réfléchir aux quoi, aux pourquoi et aux comment de chacun de leurs pas. Ils tentent de *battre* la concurrence par toutes sortes de tactiques puériles qui ne font que mettre en lumière leurs faiblesses intérieures.

La concurrence se classe pourtant parmi vos *meilleurs ennemis,* car elle permet d'attirer votre attention, le temps d'une pause, sur la réalité extérieure, vous donnant ainsi l'opportunité de neutraliser toute illusion qui aurait pu prendre racine. Elle permet de débusquer la paresse tranquille ; elle fait peur, le temps de se ressaisir. Elle donne froid dans le dos, comme l'effroi qui envahit très fortement tout votre corps lorsque vous évitez de justesse un accident de voiture. Elle provoque le réveil du plein potentiel et elle ouvre une importante brèche dans la cuirasse de votre fierté, permettant ainsi à l'humilité de s'y infiltrer. Bénissez la concurrence !

Le messager

Une femme, que je nommerai Helen, me confia qu'un jour elle trouva un emploi de rêve. Elle quitta une entreprise multinationale pour joindre une petite entreprise familiale de 67 employés où elle venait d'accepter le poste de vice-présidente, Ventes et Marketing. Sa vaste expérience lui serait bien utile !

Peu de temps après son entrée en fonction, elle rédigea un document d'une trentaine de pages qui tenait lieu de proposition stratégique pour relancer les ventes de la petite entreprise en difficulté financière. Puisque sa relation avec le propriétaire était excellente, elle était certaine d'obtenir son plein soutien. Erreur.

En lisant le rapport d'analyse rédigé par Helen, les propriétaires-dirigeants ressentirent une terrible humiliation en constatant que les causes des problèmes identifiés par Helen semblaient provenir de leurs seules maladresses. Helen avait effectivement trouvé les raisons précises expliquant les difficultés de l'entreprise à percer le marché, et ce, malgré le fait que l'entreprise familiale possédait d'extraordinaires produits novateurs. Il s'agissait simplement de mauvaises décisions marketing et d'un manque de ressources mises à la disposition des employés pour atteindre la clientèle ciblée. Helen suggéra des correctifs prometteurs qui ne comportaient aucun investissement financier important et qui semblaient garantir des résultats épatants dans un avenir rapproché. Le service de production n'avait qu'à bien se tenir! On pouvait déjà mettre la bouteille de champagne au frais, la fête allait bientôt commencer.

Au lieu de recevoir une invitation à une fête, Helen reçut plutôt une lettre, 75 jours plus tard, l'avisant que sa période de probation ne s'était pas déroulée à la satisfaction des dirigeants et que, en conséquence, ses services n'étaient plus requis.

Incroyable ? Regardez César et plusieurs autres tyrans orgueilleux qui firent abattre les messagers porteurs de « mauvaises nouvelles ». Dans le cas qui nous préoccupe, il me semble qu'Helen apporta plutôt une promesse de résurrection et de victoire. Mais les propriétaires-dirigeants l'ont plutôt prise comme une critique personnelle, et le fait qu'Helen ait distribué le document à tous les membres de la direction n'a pas aidé sa cause. D'ailleurs, un an plus tôt, certains employés clés avaient déjà proposé, sans succès, un scénario tout à fait semblable et les propriétaires s'étaient alors moqués de leur vision.

Plus tard, Helen apprit par un ami travaillant toujours pour l'entreprise familiale qu'un nouveau plan avait finalement été conçu par le président et que les ventes avaient rapidement bondi à un niveau quasi insupportable pour la production. La nouvelle stratégie des ventes, vous l'aurez deviné, était une copie presque identique du rapport original présenté par Helen.

Est-ce une mauvaise ou une bonne nouvelle d'apprendre, par votre électricien, qu'une réparation, aussi urgente que coûteuse, est requise dans votre résidence familiale afin de prévenir un grave incendie ? Auriez-vous préféré ne pas le savoir et, ainsi, éviter la dépense ?

Un Être humain plus conscient reçoit comme un cadeau la remarque d'un collègue lui faisant prendre conscience d'un comportement contre-productif dont il ne s'était lui-même jamais rendu compte. Quel privilège de prendre conscience d'une faiblesse que vos collègues et employés observent quotidiennement, et dont vous êtes le seul à ignorer l'existence ! Ces prises de conscience que vous accueillez positivement permettent de neutraliser ce qui vous empêchait, à votre insu, d'accéder à votre plein potentiel.

Le messager a une mission : rapporter des informations et des faits susceptibles d'augmenter le niveau de conscience de l'Être humain ou de l'entreprise. Quoi de plus précieux ? Les dirigeants de l'Organisation Consciente ont appris à accueillir chaleureusement ces messagers qui fournissent gratuitement de précieuses observations leur permettant d'économiser de nombreuses années de maladresses aussi inconscientes que coûteuses. Le messager représente pour eux le miroir de la réalité. L'illusion, confortable et rassurante, aurait tellement préféré le statu quo où tout semblait pourtant bien se dérouler : casse-pieds, ces messagers au service de la réalité !

Les nouveaux regards

> *Tout le monde savait que c'était impossible à faire. Puis un jour, quelqu'un est arrivé qui ne le savait pas, et il l'a fait !*
> — Winston Churchill

Il suffit de visiter les pages de Jobboom et de LinkedIn pour observer la frénésie délirante de nombreuses entreprises traditionnelles à la recherche de la *perle rare*. On assiste à la *course aux talents*, expression à la mode dans le domaine des ressources humaines. Comme pour la loto, on espère obtenir le numéro gagnant. Puis, un jour, on gagne ! Les mailles du filet bougent : on vient d'acquérir un *talent*. Comme un jeune prince qui sera bientôt sacré roi, on l'accueille avec fanfare et trompettes ; il fait ses premiers pas dans l'entreprise en foulant le tapis rouge déroulé pour l'occasion. Rapidement, on passera à la seconde étape : tenter de le retenir. Puisque les appâts utilisés pour le séduire ne représentaient pas fidèlement la réalité de l'environnement de travail dans lequel sera bientôt plongé le nouveau venu, on espère que le temps permettra d'atténuer le choc appréhendé. Donc, tout un travail épuisant et sans relâche pour acquérir – et retenir – un seul nouveau *talent*.

Puis, après une courte période de fête alimentée par un espoir exalté, la normalité reprend rapidement sa vaste place, un délai additionnel étant habituellement accordé au nouveau venu afin qu'il puisse s'adapter à la normalité et à la conformité ambiantes. Les idées et les intuitions apportées par le nouveau venu auront alors le temps nécessaire pour se calmer et atterrir doucement sur la piste de la routine et du statu quo.

Pourtant, les attentes envers la *perle rare* sont énormes. Mais quelles attentes, en fait? Attentes de quoi au juste? Tous les efforts sont méticuleusement déployés pour que le nouveau prince talentueux entre dans le moule, discrètement et le plus délicatement possible, bien sûr, question de ne pas l'effaroucher! Ses premiers questionnements et ses polies remises en question dérangent immédiatement. On espère qu'il n'y en aura pas trop, car les explications seraient plutôt compliquées à comprendre pour un jeune homme *inexpérimenté*, dit-on. On pardonne donc au génie ses nombreuses sorties du moule, car, bien que récemment élevé sur la plus haute marche du podium par ceux qui viennent tout juste de l'embaucher, il est néanmoins jeune et nouveau. Son regard frais et détaché rappelle l'histoire *Les habits neufs de l'empereur* où un jeune enfant non conditionné par la peur vit que l'empereur défilait publiquement en sous-vêtements et cria à haute voix « Le roi est nu! », tandis que les autres spectateurs n'osaient pas *voir* la réalité, car on leur avait dit que le roi portait des habits neufs magiques ayant comme particularité d'être invisibles aux yeux des imbéciles. Le nouveau venu talentueux, c'est l'enfant qui voit avec des yeux non conditionnés – pour l'instant du moins. Sa perception de la vie ne souffre pas encore de ce trouble de la vue qui consiste à ne plus être capable de distinguer les faits de « ce qu'on en pense ».

Je vous annonce tout de suite que ce genre d'histoire finit à peu près toujours comme suit:

A. Soit le nouveau venu sera éventuellement transformé en employé *normal* et il poursuivra une belle et longue carrière dans cette entreprise traditionnelle où il aura rapidement compris que les promotions et récompenses à venir sont directement liées à sa capacité d'*adaptation* aux normes, aux formalités et aux règles ambiantes ;

B. Soit cet Être humain talentueux quittera cet environnement inerte et englué dans les certitudes du passé et repartira à la recherche du Graal – ce qu'il ne trouvera probablement jamais –, et ce qui le poussera à démarrer sa propre entreprise ;

C. Soit qu'il découvre une Organisation Consciente qui sera heureuse de l'accueillir parmi ses créateurs de valeur.

Les nouveaux regards dérangent, mais ils portent en eux la flamme d'une nouvelle énergie capable de métamorphoser l'*ordinaire* en *exceptionnel*.

Ce que l'on croyait être un ennui ou un obstacle au bon déroulement de la routine se révèle, en fait, être la *perle rare*, le meilleur ennemi de l'entreprise traditionnelle. Il est souvent accompagné d'un enthousiasme *suspect*, d'une passion *exagérée* et de remises en question pointues, voire gênantes. Dès qu'il entre dans l'environnement d'une entreprise traditionnelle, la peur s'empresse de verrouiller la porte à double tour à ce trouble-fête, évitant, du même coup, de fragiliser l'édifice des certitudes d'une classe dirigeante réfractaire au changement et qui, de toute façon, n'a plus besoin de remettre en question son « savoir ».

Les *nouveaux regards* se méfient des certitudes qui, comme les cataractes, atténuent progressivement l'acuité de la vision. Ils aiment la compagnie de ces Êtres humains qui n'ont pas encore appris comment avoir peur et dont les pupilles dépourvues de voile embrassent la réalité sans les filtres conditionnés de l'« expérience ». Sans cesse curieux de découvrir l'inconnu, ils carburent au mode « apprendre ». Ils voient ce que vous n'anticipiez même plus, ils découvrent l'évidence qui, depuis trop longtemps, n'éveillait plus vos soupçons, ils remarquent les automatismes contre-productifs qui passent inaperçus. Bref, rien n'échappe à leur regard candide.

L'ego détecte les « nouveaux regards », souvent des gens humbles, authentiques et aux allures spontanées, à des kilomètres de distance, et prend les moyens pour les tenir loin des dirigeants de l'entreprise traditionnelle, car l'intense lumière qu'ils projettent pourrait fort bien révéler certaines failles que l'illusion avait, jusqu'à maintenant, très bien réussi à camoufler.

La critique et les conseils

La critique peut être désagréable, mais elle est nécessaire.
Elle est comme la douleur pour le corps humain :
elle attire l'attention sur ce qui ne va pas !
— Winston Churchill

La plupart des Êtres humains démontrent beaucoup d'ouverture et de sollicitude lorsque vient le temps d'offrir une critique ou quelques conseils non sollicités. Remarquez bien que ceux qui ont la critique et le conseil faciles sont souvent ceux-là mêmes qui sont les plus réfractaires à recevoir, à leur tour, quelques observations ou recommandations spontanées. Vous aviez déjà observé ?

La critique blesse l'ego. Elle remet en question le *quoi*, le *pourquoi* et le *comment* de ce qui a été fait ou dit. Elle ébranle les identités. Elle soulève les doutes. Elle érafle, elle éclaire, elle déchire, elle fustige, elle froisse, elle insécurise. Pourquoi, donc, aimer la critique ?

Bien sûr, je parle ici de la critique positive, celle qui est issue d'un espace sincère et authentique. Cette « pure » critique est la lumière qui éclaire *une autre* réalité, celle qui montre une autre perspective, cette voix dissonante qui désapprouve certains comportements ou décisions, celle qui propose des chemins différents, celle qui suggère un regard sur soi, le miroir de nos propres critiques, celle qui permet de grandir, d'élargir ses horizons, de devenir graduellement une meilleure personne ou une meilleure organisation. Elle ouvre – parfois maladroitement, j'en conviens – des fenêtres dont nous ne connaissions même pas l'existence.

Personnellement, la critique m'a sauvé la Vie. Elle a été pour moi le souffrant chemin grâce auquel j'ai réussi à m'éloigner de l'ego dont j'étais prisonnier sans même le savoir. Au moment où vous lisez ces lignes, l'ego est toujours là, prêt à m'envahir à la moindre distraction, mais, puisque je suis maintenant outillé d'une grande vigilance, je peux le voir venir et m'en protéger adéquatement.

Si c'était possible, j'embaucherais une équipe d'anges ayant pour mission d'observer mes actions, mes paroles, mes attitudes et mes comportements. Ces anges munis d'équipements supranormaux pourraient ainsi lire mes pensées, connaître mes intentions et prendre note de mon état intérieur. Chaque jour, ils me ramèneraient doucement vers la réalité, affronteraient mon ego et me donneraient des conseils me permettant d'économiser des années de souffrances inutiles et d'éviter de masochistes séances d'autoflagellation. Aucune équipe d'anges n'étant disponible au moment d'écrire ces lignes, j'ai donc confié ce rôle à ma femme, qui se tire d'ailleurs très bien d'affaire.

Concernant le conseil non sollicité qu'une personne sincère nous refile spontanément, comprenez bien que je ne fais pas l'apologie de cette approche qui peut aisément devenir intrusive. Cependant, une réflexion sincère m'amène à vérifier ce qui m'irrite tellement dans le fait de recevoir un conseil. Pourquoi résister à ce qui peut élargir mes horizons ? Quels sont les mécanismes contrariés en moi qui refusent la croissance, qui repoussent les nouvelles connaissances, qui se dressent dès qu'une nouvelle proposition pouvant potentiellement améliorer mon efficacité ou ma qualité de vie parvient à mes oreilles ?

Je crois sincèrement que l'ego se cache derrière cette résistance, ce refus d'entendre quelque chose qui pourrait menacer le statu quo et la structure de son identité, ainsi que toute son œuvre en tant que créateur d'illusions. Si j'étais rendu à un niveau de conscience beaucoup plus élevé, je rechercherais fiévreusement tous les conseils, tous les trucs, toutes les histoires de vie, susceptibles de me propulser en permanence vers la prospérité et le bonheur. Coriace, cet ego qui ne travaille jamais en notre faveur, et dont les seules préoccupations sont d'avoir raison, de vouloir plus, de bien paraître et de perpétuer le statu quo.

Bien que généralement considérés comme des ennemis agaçants, le conseil et la critique sont, en réalité, d'extraordinaires *meilleurs ennemis*. Chérissez-les, accueillez-les, écoutez-les, remerciez-les : ils recèlent de précieux outils pouvant vous permettre de faire des sauts quantiques vers le bonheur et la prospérité par leur capacité à éclairer votre réalité intérieure.

L'équilibre de vie

Beaucoup d'Êtres humains *hyperperformants* sont aussi des bourreaux de travail. Ils tombent facilement dans un « effet tunnel » où leur univers semble se détacher de toutes les autres réalités environnantes. Le temps n'existe plus pour

194 • L'ILLUSION AU SERVICE DE L'EMBUSCADE

eux. Les relations conjugales, la famille, les amis, les repas équilibrés et la forme physique deviennent d'ailleurs les premières victimes connues de ces machines à performance. Ces gens ayant développé une forte dépendance à la passion de leurs créations géniales semblent confondre l'amour pour leur travail avec *leur* vie et *la* vie.

L'équilibre de vie favorise tout particulièrement la manifestation *horizontale* du plein potentiel de l'Être humain. Or, lorsque l'équilibre de vie est perturbé, seuls quelques aspects du potentiel sont propulsés verticalement en orbite géostationnaire au détriment de l'équilibre holistique de l'Être humain.

Cependant, lorsque l'Être humain est bien accompagné, notamment par une femme ou par un homme au fort caractère, il se fait rappeler à l'ordre de temps en temps, il reçoit une invitation à se reposer, à changer de centre d'intérêt, ou à équilibrer son quotidien. L'irritation ressentie à la suite de l'interruption de ses fébriles cogitations lui brûle immédiatement l'estomac. La seule pensée d'arrêter son élan créatif le fait souffrir même si, au fond de lui-même, une voix nommée *sagesse* confirme le bien-fondé de la suggestion.

Pourtant, cette pause aux allures d'un armistice est souvent salvatrice. Les hyperperformants le savent très bien et ils apprécient finalement cet équilibre de vie qui les sauve probablement d'un éventuel épuisement professionnel ou d'un *brownout*.

L'équilibre de vie qui vous empêche de travailler autant que souhaité semble, à première vue, faire obstacle à votre élan vers la réussite, mais, en réalité, il compte parmi vos meilleurs ennemis. L'équilibre de vie empêche peut-être les hyperperformants d'aller plus vite, mais il leur permet certainement d'aller plus loin.

Le cerveau droit,
cet empêcheur de tourner en rond

L'avenir appartient « aux cerveaux droits », clame le journaliste Daniel Pink, auteur d'un best-seller sur le sujet : *L'homme aux deux cerveaux*.

L'entreprise traditionnelle, dont le style de gestion s'appuie encore très largement sur des notions du passé, fait massivement appel au cerveau gauche. Le savoir-faire, le talent, la maîtrise des techniques et des technologies, les méthodes de gestion *éprouvées* : voilà de quoi occuper cet hémisphère logique et organisé. Dans la nouvelle réalité socioéconomique-numérique, les cerveaux gauches croient rêver tant les nouveautés technologiques, plus épatantes les unes que les autres, abondent. Là s'arrête la fête.

En filigrane, la Cinquième Révolution industrielle vient hanter les dirigeants des entreprises traditionnelles qui semblent incapables de se démarquer de leurs concurrents. Ils ont beau ajouter « du cerveau gauche », rien n'y fait. Depuis la venue du numérique, toutes les entreprises traditionnelles se ressemblent. Difficile de réussir lorsque le client recherchant un produit ou un service sur le web ne trouve qu'un gros essaim de petits points noirs, chacun représentant des entreprises semblables à la vôtre, offrant, chacune, des produits et des services semblables aux vôtres. Le cerveau gauche, grand architecte de l'entreprise traditionnelle, révèle ainsi ses limites.

La nouvelle réalité du monde des affaires carbure aux changements rapides, fréquents et profonds, ainsi qu'au numérique, ce qui transforme l'univers bien connu et défini des années passées en un espace où le flou et le quantique, l'intuition et l'imagination, l'audace et le courage redéfinissent les règles du jeu. Or, ces nouvelles énergies sont plutôt méconnues du cerveau gauche; elles baignent plutôt dans l'*huile* du cerveau droit. «Tout allait pourtant si bien avant...», clame le cerveau gauche, un peu dépassé.

Le cerveau droit force le jeu. Il oblige les dirigeants d'entre-prises à remettre en question le modus operandi qui leur a pourtant procuré le succès dans la dernière décennie. Le cer-veau droit oblige le cerveau gauche à faire équipe avec l'humi-lité, car son savoir-faire et son talent comptent pour bien peu dans l'élaboration de la vraie réussite à plein potentiel de la nouvelle réalité contemporaine. L'hémisphère *rebelle* veut des réflexions et de la cohérence, il exige des visions inspirantes et des stratégies réalistes et puissantes. Il n'est pas pressé de passer à l'action, car, pour lui, la cogitation, la préparation, l'intuition, l'imagination, la passion et le bonheur valent beau-coup plus que le savoir-faire et le talent lorsque vient le temps de produire concrètement de la valeur étonnante.

C'est bien à contre-courant que le cerveau droit replace la dimension humaine au cœur de la stratégie organisation-nelle. Cette nouvelle perspective passe d'ailleurs de moins en moins inaperçue et attire maintenant la curiosité des cer-veaux gauches qui commencent à peine à apprendre le lan-gage du cœur.

Les cerveaux droits viennent troubler le tranquille statu quo des cerveaux gauches. Les cerveaux droits sont d'ailleurs encore classés au rang de simple *distraction* par nombre de dirigeants formés à l'enseigne de la vieille énergie. Bien que les cerveaux droits soient perçus comme des ennemis par les cerveaux gauches agacés, ils sont en réalité de puissants catalyseurs permettant de propulser le savoir-faire et le talent dont raffolent pourtant les cerveaux gauches! Des ennemis comme cela, on en souhaite davantage!

Dans la grande mosaïque de la nouvelle réalité socioéco-nomique-numérique, les cerveaux droits avancent tambour

battant sur le chemin de la réussite exceptionnelle, pertur-
bant au passage les tranquilles badauds de l'entreprise traditionnelle qui regardent passer la parade.

La souffrance

« Le feu de la souffrance est la lumière de la conscience », dit
Eckhart Tolle. Dans ma vie personnelle, ce sont les souffrances répétées qui m'ont permis de devenir un meilleur
homme. Elles ont su attirer mon attention sur les valeurs de
la Vie les plus importantes. Elles m'ont détourné des préoccupations matérielles et du superficiel en m'ouvrant la
fenêtre du spirituel. C'est à travers la souffrance que j'ai
réussi à connecter avec ma dimension intérieure et à découvrir les discrets et subtils rouages de l'ego dont je me croyais
exempt.

Ce n'est pas nécessaire de passer par la souffrance pour se
doter d'un niveau de conscience plus élevé, mais je constate
simplement que la plupart des Êtres humains qui ont décidé
de se munir du Savoir-Être conscient ont d'abord souffert
suffisamment !

Je classe donc la souffrance au rang de meilleur ennemi.

Chapitre 9

Vos pires amis

Ils représentent la certitude, la gloire du matin, la popularité, le sentiment de bien-être et d'invincibilité. Ils rassurent et parlent nettement plus fort que la petite voix intérieure de la sagesse, de la bienveillance et de la cohérence. Je ne peux m'empêcher de les caricaturer comme ce petit démon sur votre épaule gauche qui, à force d'arguments plaisants, réussit à repousser les plates suggestions du petit ange blanc posté sur votre épaule droite.

Bien que l'apparence joue en faveur d'eux, soyez très vigilants, car vos pires amis possèdent une arme redoutable : la flatterie. En fait, ils sont les pirates de votre mental via la porte de votre ego. Au moment opportun, ils déclenchent leurs attaques et paralysent votre plan de match pourtant établi depuis longtemps. Voyez ci-bas quelques-uns de leurs trucs préférés.

Le profit et le succès

Le profit et le succès, ces deux compères aux allures joyeuses, sont de si bonne compagnie que les dirigeants distraits peuvent facilement oublier que leur présence, parfois éphémère, induit généralement un sentiment d'invincibilité et d'euphorie, détournant momentanément leur regard de la courbe qui se présente droit devant eux.

Lorsque le mental d'un dirigeant, temporairement plongé dans la béatitude exaltée de son succès, revient à la réalité, les pertes et les échecs frappent déjà à sa porte, lui rappelant du même coup que les fruits de l'effort et de la persévérance flétrissent rapidement lorsqu'exposés, ne serait-ce que brièvement, à l'orgueil et à l'arrogance. Le mental ainsi contaminé devient soudainement un obstacle à la réussite de la mission de l'entreprise. L'Être humain envoûté et dépouillé de son humilité et de sa sagesse sera parfois tenté de prendre certains raccourcis ou d'adopter des comportements et des attitudes qui l'amèneront bientôt sur des chemins encore plus difficiles.

Le profit et le succès, je vous les souhaite de tout cœur. Mais attention, car sous des allures de meilleurs amis, leurs sublimes parfums peuvent assez facilement détourner votre attention de l'essentiel et ainsi vous précipiter dans une spirale descendante où vos rêves entreront brutalement en collision avec la réalité.

La confortable illusion et la zone de confort

Il y a des choses que certains Êtres humains ne veulent ni voir, ni savoir, ni connaître, comme si le déni suffisait pour neutraliser la réalité. Telle une puissante drogue, l'illusion et la zone de confort apportent instantanément, mais temporairement, tellement d'apaisement, de douceur et de plaisir, que de nombreux Êtres humains en font leurs amis.

Malheureusement, la *vraie* réussite se situe bien loin de l'illusion et de la zone de confort, cette dernière n'abritant habituellement que de vieilles habitudes et autres trucs défraîchis, anciennement utilisés avec succès dans un contexte d'affaires où le iPhone et internet à haut débit n'existaient même pas encore. La vieille paire de pantoufles qui attend l'Être humain après une grosse journée de labeur est très confortable et rassurante. Elle porte en elle le symbole du lâcher-prise et du repos : *Home Sweet Home*. Ces pantoufles faisant partie de l'identité de celui qui les chausse ne conviennent cependant pas pour une expédition au sommet de la montagne, là où se trouve la réussite, la vraie. En réalité, l'illusion et la zone de confort ne renferment aucun élément susceptible de transformer vos rêves en réalité.

L'illusion et la zone de confort, ces deux grandes *fausses amies* fortement attachées aux Êtres humains fatigués et désabusés, se révèlent toxiques par leur habileté à endormir l'action déterminée, la volonté, le courage, l'audace et la passion. La procrastination n'en demandait pas plus. La gare se vide et voilà un Être humain désillusionné, seul sur le quai, en attente du prochain train « destination réussite », qu'il ratera probablement, une fois de plus.

Sous l'apparence d'un inespéré oasis au milieu du désert, la confortable illusion et la zone de confort se retrouvent en réalité inscrites au sommet de la liste de vos pires amis.

Ces « faux » amis agréables

De nombreux dirigeants d'entreprises traditionnelles s'entourent de « bons soldats » obéissants et attentifs. Ils voient d'un très mauvais œil ces casse-pieds qui osent réfléchir et remettre en question les *exigences déguisées en demandes* de leurs supérieurs hiérarchiques. Ils préfèrent ceux, souriants, vaillants et émerveillés, qui ne perdent pas de temps à mettre en œuvre les recettes du succès que les dirigeants enseignent solennellement à leurs subordonnés le premier lundi de chaque mois. Ces faire-valoir rendent la vie de leurs supérieurs tellement plus agréable et rassurée.

En fait, cette propension euclidienne de l'Être humain à rechercher la ligne droite prive les dirigeants des vraies données, solides et authentiques, celles sur lesquelles ils pourraient s'appuyer pour atteindre la réussite. Le jugement de ces dirigeants est courbé par des opinions fourbes provenant de leurs faire-valoir inféodés qui ne cherchent, au final, qu'à rassurer leurs vénérés patrons ; le jugement altéré de ces derniers par des flatteries intéressées contamine alors la validité même des orientations qu'ils imposeront sans opposition à leurs subordonnés.

Ces pires amis complaisants n'osent pas refléter ce qu'ils voient et ce qu'ils pensent vraiment, car les risques d'être éloignés du cercle béni leur suggèrent une rigoureuse prudence. La superficialité de leur contribution est bien connue des dirigeants, qui s'en accommodent très bien puisque, en échange, ils obtiennent de réconfortantes louanges venant confirmer ce qu'ils pensent d'eux-mêmes.

En conséquence, l'authenticité et l'humilité, qui auraient fort bien pu faciliter au dirigeant l'accès à son plein potentiel, se voient reléguées aux oubliettes, le temps que les faux amis agréables terminent leur *importante* mission, au grand plaisir de l'illusion et de la vanité qui applaudissent la complaisante mise en scène.

Votre réputation et votre expérience

Lorsque je fréquentais l'université, j'avais un ami qui devait travailler beaucoup plus fort que les autres pour obtenir des résultats comparables, au point où nous doutions tous qu'il puisse soutenir un tel niveau d'efforts sur une longue période de temps et finalement obtenir son diplôme. Cet ami n'avait pas la vie facile. Il a dû apprendre à exploiter son talent à 100 % pour simplement obtenir son diplôme de justesse. En comparaison, d'autres étudiants, apparemment plus doués, obtenaient des résultats impressionnants sans devoir livrer bataille ; tout semblait si facile pour eux, qui ne savaient pas ce que l'expression « travailler fort » signifiait réellement.

Une dizaine d'années plus tard, j'appris que mon ami « peu doué » venait de terminer son doctorat et qu'il travaillait maintenant dans un prestigieux centre de recherche en électricité. On me dit que ce type était réputé être un formidable batailleur entêté qui n'abandonnait jamais au milieu d'un défi, ce qui l'avantageait pour obtenir des mandats très intéressants.

La réputation permet certainement d'apprendre comment les autres vous regardent *aujourd'hui* à la lumière de vos réalisations et de vos comportements d'*hier*. L'expérience, de son côté, peut s'avérer précieuse, car elle vous permet de résoudre certains enjeux actuels en évitant de refaire les erreurs commises précédemment.

Ici s'arrêtent les bénéfices de la réputation et de l'expérience. Dans la nouvelle réalité socioéconomique-numérique, l'approche en mode « savoir », forcément basée sur des notions du passé, ne peut offrir aux nouveaux défis contemporains des réponses du même niveau de qualité que l'approche en mode « apprendre ». Dans le passé, alors que tout évoluait lentement, il suffisait de « posséder » le *savoir* pour se frayer un chemin parmi toutes les potentialités de réussites, tandis qu'aujourd'hui, le *savoir*, lui-même intrinsèquement lié à des notions du passé, est un chemin aux multiples intersections dont beaucoup d'entre elles mènent parfois à l'échec.

La nouvelle réalité d'affaires caractérisée par des changements rapides, profonds et fréquents pousse les dirigeants et les employés à changer de perspective en ce qui a trait à leur façon de créer de la valeur. Ce n'est plus possible, aujourd'hui, de se démarquer dans un marché où tout est semblable, simplement en s'appuyant sur des notions et des méthodes éprouvées dans le passé. Il faut innover d'une manière extrêmement étonnante, comme jamais on l'a fait auparavant ; il faut carburer en mode « apprendre », le savoir, à lui seul, n'étant plus déterminant pour l'atteinte de la réussite exceptionnelle.

Dans le chapitre intitulé « Vos meilleurs ennemis », sous la partie « Les nouveaux regards », une réflexion est implicitement suggérée : pourquoi les nouveautés proviennent-elles de plus en plus souvent de ces Êtres humains jeunes et sans expérience particulière, libres de toute réputation gonflée à l'hélium ? Pourquoi de grandes nouveautés, parmi les plus extraordinaires, ont-elles été développées par des gens qui n'avaient pourtant aucune expérience digne de ce nom ni aucune réputation particulière dans le domaine de leur réussite ? Regardez l'âge de ceux qui ont inventé Google et Facebook, et, d'un autre côté, voyez l'âge moyen des impressionnantes équipes de recherche chez Kodak et IBM – fabricant d'ordinateurs – avant leur chute. Pourtant, ces derniers, tous des chercheurs émérites, n'étaient-ils pas très expérimentés, munis d'un budget sans limites et enveloppés d'une réputation des plus enviables ?

Sans entrer dans des explications trop poussées, votre intuition vous permet de comprendre que les Êtres humains qui marchent sur de nouveaux chemins, pas encore encombrés des débris du passé, sont plus susceptibles de créer de la nouveauté que ceux qui tentent de créer une ampoule électrique en prenant la chandelle comme modèle.

L'*expérience*, ce joli mot qui signifie «apprentissage acquis grâce aux erreurs», peut même s'avérer un ennemi dans la mesure où elle vous garde prisonnier de concepts désuets du passé qui n'apportent plus les réponses adéquates aux besoins du présent.

De son côté, la réputation ne crée ni n'aide personne à créer de la valeur. Elle fait seulement référence à certaines méthodes répétitives utilisées avec succès dans le passé. La réputation tient pour acquis que le passé se perpétue invariablement de la même manière dans le futur. Si Apple s'était basé sur ce critère pour accorder un nouveau mandat à Steve Jobs, le iPod n'aurait jamais vu le jour, car, plus jeune, ce dernier a fait de très coûteuses erreurs de jugement lors de son premier séjour chez Apple alors que son attitude avec ses pairs était alors tout à fait déplorable.

La réputation et l'expérience ont perdu leur aura. La première peut probablement faciliter l'ouverture de quelques portes d'entreprises traditionnelles carburant à l'ancienne énergie, et la seconde est un outil du passé pouvant certainement aider à résoudre des problèmes ressemblant à ceux du passé. Mais, attention, les mérites s'arrêtent là.

De très nombreux dirigeants d'entreprises traditionnelles misent fortement sur leur réputation et leur expérience pour l'atteinte du succès. Dans cette nouvelle ère de la Cinquième Révolution industrielle, la réputation et l'expérience sont désormais des critères désuets. Rappelez-vous simplement l'histoire de Tiger Woods: sa réputation et son expérience n'ont pas suffi à lui éviter l'effondrement, lors de la publication de la nouvelle concernant son infidélité.

J'ai attribué l'étiquette *Pires amis* à la réputation et à l'expérience, car elles peuvent être facilement utilisées par l'ego et ainsi devenir une importante source de distraction, empêchant les Êtres humains d'accorder une attention de qualité à l'essentiel, puisqu'ils sont trop concentrés sur l'accessoire. Ainsi, à cause de leur réputation et de leur expérience, certains orateurs munis d'impressionnants diplômes de prestigieuses universités bénéficieront souvent d'une oreille plus attentive que certains autres moins décorés et dont le discours est pourtant porteur d'un message beaucoup plus dense et plus profond.

Les nouvelles entreprises, n'ayant pas les moyens financiers d'embaucher ces gens de grande expérience, recrutent donc plutôt des jeunes gens aux idées nouvelles et révolutionnaires, et créent ainsi de la valeur étonnante ; elles laissent donc les gens « réputés » aux entreprises traditionnelles, plus riches, qui essaieront de se démarquer en tentant d'améliorer ce qu'elles ont créé dans le passé.

C'est seulement en élevant leur niveau de conscience que les Êtres humains réussiront là où la plupart des dirigeants et des employés de l'entreprise traditionnelle échouent, parfois lamentablement, peu importe la hauteur de leur réputation et de leur expérience.

Chapitre 10

Vos meilleurs amis

Lorsqu'ils sont entourés de leurs meilleurs amis, les Êtres humains ont de très fortes probabilités d'atteindre les plus hauts sommets du bonheur et de la réussite dans tous les secteurs de leur vie. Ils évitent ainsi les profonds ravins et les détours douloureux éparpillés sur la route de leur destinée. Ils n'attendent pas le secours de la souffrance pour mettre un peu de lumière sur leur chemin ; ils font simplement des choix lumineux et évitent les charmes de Dame Illusion.

Les Êtres humains de fort caractère qui réussissent à garder une attention de grande qualité sur ces meilleurs amis font partie de ces leaders d'influence et transformationnels que chacun rêve d'avoir comme patron, collègue, conjoint, client ou fournisseur. Ils sont des modèles, ils inspirent, ils énergisent et ils sont admirés par ceux qui veulent vraiment réussir.

Vos meilleurs amis se présentent sous différentes formes, chacune portant en elle l'essence de ce qui est le meilleur en vous. En voilà quelques-unes.

L'intuition

Avant la récente émergence de la nouvelle réalité socioéconomique-numérique-internet, les connaissances et le savoir-faire constituaient le fondement à partir duquel on pouvait bâtir le futur. Ces connaissances étaient « prouvées » par des Êtres humains que l'on nomme encore aujourd'hui *scientifiques*, ces mêmes scientifiques qui disaient que l'espèce humaine comptait plus de gènes que n'importe quelle autre espèce. Ça, c'était en 2003, juste avant que le projet *génome humain* ne soit réalisé. On sait maintenant que l'homme compte de 19 000 à 20 000 gènes, tandis qu'une minuscule plante de tourbe peut en compter plus de 32 000. Ce sont ces mêmes scientifiques qui affirmaient, main sur le cœur, que la vitesse d'expansion de l'univers diminuait, alors que les découvertes récentes, grâce à Hubble, prouvent le contraire. Le domaine médical, notamment, déborde d'exemples de *vérités scientifiques* qui se sont révélées fausses, voire désastreuses ; je ne mentionnerai que l'histoire de la thalidomide. On retrouve les mêmes bêtises dans le domaine des affaires. Des théories de gestion du personnel originellement qualifiées de « géniales » par certains et suivies à la lettre par un grand nombre d'entreprises ont fait plus de mal que de bien tant elles étaient déconnectées de la réalité sur le terrain.

Changement radical de paradigme et retour vers l'intuition. Des méthodes d'éducation qui fonctionnent très bien avec les adolescents au sein d'une famille se révèlent très efficaces en entreprise : amour inconditionnel, confiance, empathie, reconnaissance et un haut niveau de qualité relationnelle. On a été habitué, par notre éducation à la maison et par nos professeurs de la petite école jusqu'à l'université, à gober des courants de pensée sans réfléchir, sans les remettre en question, et à considérer que cela représentait toute la vérité. Or, la nouvelle réalité d'affaires est de moins en moins compatible avec ces recettes « éprouvées » qui sont censées contenir toutes les réponses aux défis contemporains. De plus en plus, des gens d'affaires choisissent de faire confiance à leur intuition en tout premier lieu, bien avant d'accorder quelque attention aux théories populaires en vogue. N'est-ce pas l'intuition qui a conduit l'humanité aux plus grandes découvertes, et les certitudes et les dogmes qui ont provoqué des guerres, des famines et de terribles maladies ?

L'intuition est un très puissant outil lorsque vient le temps de déterminer et d'activer les stratégies organisationnelles. Les organisations qui choisissent de prioriser leur intuition se démarquent des entreprises traditionnelles qui, sans surprise, opteront probablement pour une théorie en vogue développée par des *experts*, ratant ainsi une opportunité de se démarquer du courant ambiant et diminuant leurs chances de créer des innovations étonnantes et originales, lesquelles auraient pu les propulser au niveau de la réussite exceptionnelle. Les dirigeants de l'entreprise traditionnelle considèrent les théories en vogue très commodes : ces dernières leur évitent de *longues et pénibles* réflexions et leur donnent espoir d'obtenir des résultats à peu près semblables à ceux obtenus par les autres entreprises traditionnelles qui s'appuient sur les mêmes théories. De ce fait, toutes les entreprises traditionnelles utilisent les mêmes outils et les mêmes méthodes mises au point par les mêmes experts permettant à toutes d'obtenir... les mêmes résultats. Les dirigeants de telles entreprises pourront ainsi blâmer les théories et les experts si les résultats positifs ne sont pas au rendez-vous et s'en arroger le mérite si tout va bien.

Votre intuition issue d'un mental libre et bien branché sur votre dimension intérieure vous guidera sur des chemins audacieux le long desquels vous récolterez un avantage concurrentiel difficile à imiter.

La passion

La passion est inscrite dans le répertoire de mes meilleures amies. Lorsqu'elle se manifeste, le temps ne compte plus, mes pensées automatiques disparaissent, libérant du même coup mon mental qui devient alors disponible pour accueillir la réflexion, l'intuition, l'imagination et l'intelligence. Cette flamme bleue, très puissante et parfois peu raisonnable, semble capable de court-circuiter mon cerveau gauche au grand complet – cet espace rationnel, ordonné et objectif, où les décisions cartésiennes font la loi – pour entrer directement en contact avec le cerveau droit, là où siègent les plus puissants éléments de mon plein potentiel.

Il suffit d'être un peu attentif pour observer la passion se promener avec l'intuition à son bras gauche et l'imagination à son bras droit, toutes suivies de près par le plaisir, le bien-être et la joie de vivre.

Dans notre société dite « moderne », où les « il faut, je dois et je n'ai pas le choix » consument l'énergie vitale des Êtres humains quasi robotisés, la passion se réfugie habituellement chez Dame Frustration, le temps que les « je peux et je choisis, je décide et je passe à l'action » reprennent le dessus.

Je ne parle pas ici des « passions » éphémères comme ces sentiments dits « amoureux » qui ne sont, en fait, que des émotions temporaires suscitées par la pensée *d'avoir trouvé une personne qui semble s'intéresser à moi*. Ou encore de ces « passions » qui n'en sont pas, en parlant de ces dépendances aux ressentis éphémères générés par les cinq sens du corps humain, capables de drainer toute l'énergie émotionnelle de ces Êtres humains en recherche de plaisirs toujours plus intenses.

La passion à laquelle je fais référence est cette braise qui, au lieu de consumer, génère de l'énergie, celle qui est amie avec la réalité, celle qui unit et construit dans l'action. Cette passion provient de l'intérieur de l'Être humain et n'est pas influencée – ni grandie ni diminuée – par l'environnement extérieur. C'est cette énergie sacrée qui donne une valeur et un sens profond à tout ce que l'Être humain fait.

Cette passion est plutôt discrète, il faut lui faire de la place. Plus le mental est occupé dans sa superficielle routine cultivée par le manque et la peur, le statu quo et l'acquis, moins il est disponible pour réserver un espace-temps raisonnable à la passion, cette vibration de vie issue des éléments essentiels du Soi.

La vraie passion n'a besoin que de la volonté, du courage et de la détermination pour s'épanouir. Lorsque la vraie passion se déploie dans la vie d'un Être humain, la créativité étonnante et le bonheur l'accompagnent, tout naturellement.

La passion réside dans chaque Être humain sans exception. Si vous avez le privilège de rencontrer la passion en vous, donnez-lui le meilleur de vous-mêmes en tout temps et protégez-la de l'épuisement professionnel et du *brownout*, car cette meilleure amie ne saurait survivre à votre indifférence.

Le Savoir-Être conscient

Tel que sommairement décrit dans le prologue, le Savoir-Être conscient, cet amplificateur du savoir-faire et du talent, du bonheur et de la réussite, est officiellement mon meilleur ami. Sans lui, la dérive est certaine. Avec lui, je peux accéder, sans restriction, à mon plein potentiel, ce qui signifie que le meilleur de moi émerge abondamment, sans les limites imposées par l'ego.

Ainsi, puisque le Savoir-Être conscient recèle la clé du bonheur et de la réussite exceptionnelle, je fais tout ce qui m'est possible pour ne jamais m'en séparer. Pourquoi choisir les conflits lorsque je peux avoir la paix? Pourquoi briser des relations et m'engluer dans la souffrance alors que je peux aisément nourrir l'amour, le bonheur et le plaisir?

Le Savoir-Être conscient me permet de vivre une vie extraordinaire à chaque instant tout en apportant les réponses qui sont à la portée du meilleur de mon savoir-faire et de mon talent.

Tous les chemins que j'emprunte sont désormais éclairés par le Savoir-Être conscient. Je ne veux plus me satisfaire de l'ordinaire!

Ceux qui vous accompagnent

Ceux qui vous accompagnent sont là, comme des meubles et des rideaux. Vous ne les voyez presque plus, tant ils sont imbriqués et impliqués dans toutes les sphères, même les plus intimes, de votre vie personnelle et professionnelle. Parfois, ils dérangent, mais habituellement, ils vous accompagnent et vous observent simplement, silencieusement. Vous les détestez de temps en temps et vous les appréciez souvent, en sous-entendus seulement, car vous avez perdu le lien humain avec la réalité de leur présence, engourdi êtes-vous devenus dans votre normalité quotidienne.

Ceux qui vous accompagnent dans votre vie personnelle et dans votre vie professionnelle sont pourtant vos vrais amis; ils en savent assez sur vous pour contribuer à vous sortir de la souffrance inutile que vous vous êtes imposée à force d'ignorer les cris étouffés de votre dimension intérieure. L'excellente connaissance qu'ils ont acquise de vous n'est pas déformée par votre ego. Ils sont capables de vous faire observer les attitudes ou les comportements contre-productifs que vous ne voulez pas voir, mais qui vous causent néanmoins d'énormes torts.

Appréciez ces Êtres humains. Reconnaissez leur apport essentiel dans votre vie. Ils sont souvent plus patients, plus tolérants et plus bienveillants à votre égard que vous ne l'êtes envers vous-mêmes. Inscrivez-les au haut de la liste de vos meilleurs amis, écoutez-les avec qualité et ouverture, car ils peuvent vous faire économiser quelques décennies de faux pas énergivores dans un espace-temps qui ne reviendra jamais.

Ceux qui osent vous confronter

Ces Êtres humains que vous oubliez parfois d'apprécier, mais qui ne vous abandonnent jamais, ces gens qui vous accompagnent et qui n'ont pas peur de vos réactions automatiques déclenchées par la colère ou la frustration, ces collègues ou partenaires de vie qui osent défier le petit roi dictateur font partie de vos meilleurs amis !

Grâce à eux, vous pourriez vous hisser assez rapidement au sommet des grands leaders tant vos apprentissages sont rapides et profonds... lorsque vous portez attention à leurs propos.

Ils sont rares et précieux ces gens de grande qualité qui ont la force, l'authenticité et l'empathie pour entourer et appuyer ces Êtres humains au fort caractère. Ils désirent votre réussite, la *vraie* réussite. Ils sont vos gardes du corps, leur mission s'avérant de vous protéger contre vous-mêmes, contre vos attitudes et vos comportements improductifs. Ils servent d'antidote contre la domination de l'ego qui voudrait bien que votre intérêt personnel et *égoïque* passe avant l'intérêt supérieur de votre entreprise et de vos engagements familiaux et conjugaux.

Dur apprentissage, quand même, d'abdiquer le monopole de la création de sa propre image ; il faut du courage, et surtout de la bonne volonté, pour être capable d'accueillir l'image de soi telle que reflétée par ses meilleurs amis qui osent nous questionner avec force, authenticité et empathie.

Prenez bien soin de ces meilleurs amis, car ils doivent certainement vous aimer profondément pour demeurer près de vous, malgré vos fréquentes et maladroites indifférences.

La réalité

La réalité : quelle extraordinaire amie ! Mais attention, beaucoup de gens croient vivre dans la réalité tandis que les faits tendent à démontrer qu'ils vivent plutôt dans leurs pensées et dans les interprétations qu'ils se font de ladite réalité. Ces Êtres humains ont de la difficulté à distinguer la réalité de tous les mirages de l'illusion qui lui ressemblent.

Pourtant, la réalité ne se cache pas ; elle est là, tout simplement devant soi. Il suffit de la regarder avec un mental silencieux et attentif pour apprécier toute sa lumineuse authenticité. Lorsqu'elle semble cachée ou difficile à saisir, c'est simplement parce qu'elle est voilée par une épaisse couche de subjectivité, tout comme les nuages nous donnent parfois l'impression que le soleil est absent.

La relation qu'entretiennent la plupart des Êtres humains avec la réalité est complexe et, parfois même, hostile. Ils aimeraient bien que la réalité soit synchronisée avec leurs brûlants désirs et leurs honnêtes planifications. Mais, vous en conviendrez, les lois de la Vie proposent plutôt que la réalité se manifeste librement et automatiquement sans attendre l'approbation des Êtres humains. Voilà du moins mon humble observation.

Pourtant, bien des personnes sont « contre » la réalité et préfèrent adopter le comportement de l'autruche plutôt que de regarder avec les yeux de l'acceptation. D'ailleurs, pourquoi faire simple et s'appuyer sur les faits observés alors qu'on peut si facilement faire complexe et écouter nos émotions impulsives et subjectives comme succédané à la réalité ? « Lorsque je déclare la guerre à la réalité, je perds... mais seulement à tout coup », le dit si bien Byron Katie dans son livre *Loving What Is*. En effet, la vie étant faite de réalités, les itinéraires imposés par l'ego ne sont que de longs détours empruntant les chemins de la souffrance et de l'échec dont la destination finale est le retour à la case départ.

Peu importe les circonstances de la vie auxquelles vous êtes exposés, la réalité est toujours très éclairante et offre un puissant point d'observation sur la réussite. Imaginez démarrer un projet dont les assises sont appuyées sur des données issues de vos désirs émotifs plutôt que sur la réalité ! Le désastre serait prescrit d'avance.

C'est pourtant ce que font la majorité des entreprises traditionnelles lorsqu'elles ne tiennent pas compte de la nouvelle réalité socioéconomique-numérique dans leur stratégie organisationnelle. Elles continuent notamment à « manager » les Êtres humains avec la même approche que celle utilisée à l'époque du téléphone à cadran. Elles choisissent de *gérer* les conflits et les dysfonctionnements au lieu de les prévenir et de les éliminer. Elles sont littéralement dépassées par les coûteuses maladies dites « professionnelles », mais proposent, malgré tout, de fausses solutions qui visent à atténuer les symptômes plutôt que de s'attaquer aux causes profondes loin en amont. Leurs stratégies favorisent le court terme et le superficiel tandis que le long terme et le fondamental regorgeant de solutions sont ignorés. Elles trouvent normal – du moins si on se fie à leur inertie en la matière – d'avoir un environnement de travail habité par de nombreux employés et dirigeants fatigués et frustrés, bien que le bonheur et le bien-être des Êtres humains comptent parmi les plus puissants vecteurs de création de valeur et de réussite.

Beaucoup d'Êtres humains – c'est peut-être votre cas – n'ont pas encore acquis les habiletés nécessaires pour voir et accueillir la réalité. Ces gens prennent d'importantes décisions pour leur entreprise en se basant sur leurs illusions et sur leur ignorance de la réalité plutôt que de constater les faits, ceux-là mêmes qu'ils ont malheureusement choisi d'ignorer, car souvent trop menaçants pour leur fausse identité, privant ainsi l'entreprise des meilleures décisions les mieux éclairées.

Le dirigeant, par exemple, qui réagit à une situation au lieu d'y répondre fait partie de la catégorie de ceux qui confondent leurs perceptions énergivores avec la réalité. Il croit *savoir* ce qui se passe alors que sa superficielle connaissance des faits provient en majeur partie de ses perceptions déformées par le filtre de ses émotions.

Des décisions contraires à l'intérêt supérieur de l'entreprise causent ainsi de grands dommages humains et financiers, tout simplement parce que la réalité a été troquée contre la version d'un mental subjugué par les discours intérieurs de l'ego.

La réalité, cette bonne amie, ne vous trahit jamais lorsque vous lui accordez une présence attentive de grande qualité.

Elle vous présente les obstacles sur votre chemin et vous indique les meilleures solutions de rechange pour arriver au succès, vous faisant ainsi économiser temps, souffrances et énergie.

Le moment présent

Puisque le moment présent est le seul espace où l'Être humain peut réfléchir, agir et interagir, parler, décider, marcher ou courir, je propose de lui accorder une mention spéciale de très grand mérite pour son extraordinaire contribution à la destinée humaine.

Le *moment présent* est un proche parent de la réalité puisque cette dernière ne peut exister en dehors de celui-ci, étant lui-même l'espace où se révèle la réalité. Lorsque bien compris et utilisé adéquatement, le *moment présent* permet à l'Être humain d'être heureux et de réussir. Rien de moins. N'est-ce pas dans le moment présent que se déroule toute votre vie? Le passé n'est-il pas, en fait, que le souvenir d'un événement qui s'est produit dans un *moment présent* antérieur? Et le futur, n'est-ce pas simplement un petit point conceptuel projeté au loin dans le temps qui, lorsqu'il sera atteint, se transformera en *moment présent*, le temps d'un instant? Aucun Être humain n'a expérimenté ni construit quoi que ce soit dans le futur ou dans le passé. C'est impossible puisque tout se déroule dans le *moment présent*.

Le mental nous entraîne sans cesse dans le passé ou dans le futur, ces deux espaces-temps où, d'ailleurs, vivent en quasi-permanence la vaste majorité des Êtres humains. Des émotions énergivores comme le ressentiment, la jalousie ou la colère trouvent leur source dans un mental qui *regarde* vers le passé. Les pensées ainsi générées rejouent de vieux DVD mille fois visionnés et ressassent d'une manière répétitive et continue de vieilles rengaines défraîchies.

Alternativement, c'est dans un mental tourné vers le futur qu'émergent, entre autres, la peur, l'angoisse et le doute. Observez bien : « Que m'arrivera-t-il si ceci ou si cela ? », « Il faut que... sinon... », « S'il fallait que... », « J'ai peur que... ».

Pendant ce temps, la création de valeur attend, car le mental occupé dans le passé ou dans le futur n'est tout simplement pas disponible au *moment présent*, ce seul espace où la création peut se produire. L'Être humain ainsi figé hors du moment présent se trouve dans un état lunatique, déconnecté de la réalité... du *moment présent*.

Parfois, des Êtres humains en pleine conversation ne sont pas vraiment présents. Ils n'écoutent pas attentivement leur interlocuteur, étant trop occupés à analyser la phrase précédente ou à réagir intérieurement à ce qu'ils ont entendu au début de la conversation, ou simplement, ils sont occupés à affûter leur réponse. Leur mental, durant cette fausse conversation, n'est donc pas disponible pour offrir une attention de qualité, trop occupé à d'autres activités situées soit dans le passé ou dans le futur.

De très nombreuses entreprises habitées par des Êtres humains qui n'ont pas encore développé les habiletés du Savoir-Être conscient ressemblent à un grand cirque rempli de zombis. Ces Êtres humains sincères et dévoués – au mental absorbé par le passé et le futur, et dont les pensées continues, répétitives et conditionnées les coupent de la réalité – entendent, mais n'écoutent pas, regardent, mais ne voient pas, font des gestes, posent des actions, disent des paroles, mais leurs communications sont mortes, car elles sont déconnectées de la réalité du *moment présent*. Et, rassurant pour eux, leurs interlocuteurs ne font pas mieux, car eux aussi vivent en dehors du moment présent depuis longtemps. Ils ont notamment perdu le sens de leur destin, ils n'ont plus de rêves ni d'élans créateurs. Ils se sont égarés dans le passé et le futur, et il semble que leurs très rares passages éphémères dans la fenêtre du *moment présent* ne suffisent plus pour les extirper d'une puissante spirale, propulsée par la conformité et l'apathie, qui les aspire en dehors de leur zone de pouvoir située... dans le moment présent.

Ces entreprises traditionnelles sont remplies de dirigeants et d'employés sans vie, démotivés et sans passion, qui acceptent simplement d'échanger leur temps personnel contre un peu d'argent. Ces entreprises disparaîtront bientôt, dès que leur clientèle aura trouvé un successeur, peut-être une Organisation Consciente !

Vivre au *moment présent*, c'est un art qui s'apprend. Lorsque maîtrisé, le bonheur, l'enthousiasme, la passion et la réussite se manifestent en abondance, autant dans la vie professionnelle que personnelle. Ainsi, cultivez ce merveilleux *moment présent* dans votre vie. Elle n'en sera que plus riche, heureuse et prospère.

L'intention

L'*intention*, celle de grande qualité, est souvent confondue avec un but, une résolution ou un objectif. Dans le langage « conscient », le mot *intention* réfère plutôt à une visée de très haut niveau. Voici un exemple pouvant aider à bien saisir la nuance et le sens que nous donnerons à ce concept dans ce livre.

Un superviseur observe qu'un de ses employés clés n'a pas effectué toutes les opérations requises dans les procédures de production, ce qui explique les défectuosités retrouvées dans certains produits. Avant de faire une intervention, le superviseur réfléchit à la situation et se pose trois questions :

1. Quelle est vraiment mon **intention** concernant une possible intervention ?

2. Quel est mon **objectif** ?

3. Quelles sont les **stratégies** que je choisis pour réussir mon intervention ?

L'**intention** du superviseur pourrait être, par exemple, de conserver une relation de qualité avec cet employé clé, peu importe ce qui résultera de la rencontre qu'il souhaite d'ailleurs très amicale.

L'**objectif** est d'ancrer le concept du travail bien accompli dans les habitudes de son employé et d'attirer son attention sur l'impact du niveau de qualité de son travail sur les résultats de l'entreprise.

La **stratégie** choisie par le superviseur consiste à éviter de dramatiser la situation ou de donner une impression de reproches. Le superviseur compte y arriver en commençant la rencontre positivement et en donnant du *feed-back* fréquent et authentique afin de conserver un lien de qualité.

Peu importe le résultat obtenu à la suite de la rencontre superviseur-employé, toute l'attention est portée sur le respect de l'intention initiale, soit de conserver un haut niveau de qualité dans la relation entre les deux Êtres humains. Atteindre l'objectif visé dès la première rencontre est certainement souhaitable, mais pas au prix d'une relation détériorée.

L'intention est donc, ici, un désir, un objectif relationnel très élevé, qui appartient au domaine de la conscience et de la dimension humaine. C'est une visée de très haut niveau dans l'échelle des valeurs humaines. Les objectifs peuvent parfois être difficiles à atteindre rapidement, mais lorsqu'une intention de grande qualité sert de repère, la relation ne sera pas brisée et les échanges de qualité seront toujours possibles.

Ainsi, l'intention est classée parmi les meilleures amies, car elle établit de solides balises relationnelles et éthiques dans la vie professionnelle et personnelle. Lorsqu'une intervention est accompagnée d'une intention de grande qualité, les résultats seront très probablement positifs. C'est grâce à une intention de très haut niveau que le superviseur sera capable de démontrer de la retenue, même lorsqu'à la faveur d'une distraction, la frustration réussit à s'infiltrer dans son mental.

C'est la qualité de l'intention, par exemple, qui permet de mener à bien de difficiles négociations avec des clients, employés ou syndicat. C'est aussi grâce à une noble et pure intention consciente qu'une vie de couple peut respirer l'amour et le bonheur à pleins poumons malgré toutes les circonstances de la vie et les souffrances bien humaines qui viennent parfois s'ingérer dans les rouages du quotidien.

Pour tous les Êtres humains continuellement en relations interpersonnelles, la question « Quelle est *vraiment* mon intention ? » s'avère donc très utile puisque la réponse permet souvent de réaliser que la parole est d'argent et le silence d'or.

La volonté, la détermination et le courage

Bienheureux les Êtres humains dotés de ces trois merveilleuses caractéristiques! Sans elles, l'idée ne pourrait probablement jamais se métamorphoser en réussite concrète. Une idée, ou une intuition géniale, peut bien surgir dans le mental d'un Être humain, mais, sans action, cette idée demeurera une simple pensée, comme toutes les autres qui viennent, qui passent et qui disparaissent, sans pourtant se matérialiser en projet. C'est la volonté qui permettra de transiter de l'intuition vers l'action, transformant ainsi cette idée en projet concret. Mais, faute de détermination et de courage, le projet risque fort bien de s'échouer sur les nombreux récifs du découragement, de l'impatience, de la paresse ou du court terme, qui sont éparpillés tout le long du chemin menant à la réussite.

La volonté, la détermination et le courage permettent à certains dirigeants d'entreprises d'accéder à toute une panoplie de projets audacieux et prometteurs qui demeurent toutefois hors de portée de ceux qui carburent à la paresse, à la peur et au court terme.

La santé globale

Esprit sain dans un corps sain? Une évidence pour les Êtres humains qui vivent sur terre.

Cependant, rarement voit-on des entreprises traditionnelles faire une promotion sérieuse et soutenue – plus que dans un dépliant distribué aux nouveaux arrivants! – de l'importance de la santé physique et psychologique. La plupart des interventions se résument à quelques anecdotes et conseils qui surfent joyeusement sur la superficialité. Rarement voit-on des programmes élaborés qui démontrent une ferme volonté de soutien et une profonde compréhension de la relation qui existe entre une dimension intérieure équilibrée et le bien-être de sa contre-partie extérieure, et vice versa bien sûr.

Ne sous-estimez surtout pas l'impact positif généré par une bonne santé globale sur la capacité de l'Être humain à accéder à son plein potentiel. La personne ayant une dimension intérieure ou extérieure souffrante devra certainement surmonter de nombreuses distractions dans sa vie professionnelle avant de pouvoir activer ses propulseurs de performance que sont la passion et l'enthousiasme. Cette souffrance engendrera un cercle vicieux d'autocontamination de la vie professionnelle et personnelle et nourrira une spirale énergivore sans fin.

Alors, mention d'honneur à la santé globale, tremplin fondamental de toutes les autres énergies positives qui viendront, à leur tour, alimenter les propulseurs du plein potentiel.

Amis ou ennemis : la fin de l'illusion

La clé du succès de l'Organisation Consciente repose en très grande partie sur la capacité de ses constituants à rester en lien avec la réalité. De ce fait, ils peuvent éviter les pièges de l'illusion et ainsi investir leur précieuse énergie vitale aux bons endroits et de la bonne façon.

Dès le moment où, grâce à la forte lumière générée par votre nouvelle conscience, vous pouvez *voir* les débris et les trous sur votre route, toute votre vie vient de prendre une nouvelle tournure. Votre chemin devient plus facile et plus agréable, et ses méandres se transforment en ligne droite.

En ouvrant simplement un peu les yeux, vous verrez par vous-mêmes. Le reste de la tâche appartient à la volonté, à l'action, à l'audace et au courage. Survol du plan de match, ci-dessous.

L'embuscade dévoilée

Les dirigeants et employés de la plupart des entreprises traditionnelles se comportent trop souvent comme des sourds et aveugles qui décideraient de partir au combat. Ces Êtres humains ne connaissent honnêtes et sincères, ni l'état de leur armée, ni leurs ennemis, ni leurs amis, et, très souvent, ils ne savent même pas où ils s'en vont, ni pourquoi ils s'engagent dans une direction plutôt que dans une autre. Puisque l'illusion les a envoûtés depuis longtemps, ils ne savent même pas que ces quelques lignes parlent d'eux... et « eux », c'est peut-être vous !

Vos pires ennemis et vos pires amis s'affairent très méticuleusement à vous garder victimes des circonstances de la vie et des autres. Vous vous plaignez, vous dénoncez, vous combattez des collègues, patrons ou employés qui travaillent dans la même entreprise que vous. Vous êtes certains que si vous partiez travailler pour une autre entreprise, tout irait mieux. L'illusion est forte et vous croyez sincèrement que le problème vient de l'extérieur de vous alors qu'il provient fort probablement de vous, de vos perceptions, de vos souffrances que vous projetez sur votre environnement de travail, et de votre décision de laisser les autres diriger votre vie. La plupart des circonstances de la vie se produisent en dehors de votre contrôle. Elles demandent certainement votre attention, je le reconnais ! Mais pourquoi les voir comme des « problèmes » ?

Vos meilleurs ennemis et vos meilleurs amis sont pourtant là pour tenter de vous réveiller et, surtout, pour vous faire comprendre que votre force et votre génie ne se trouvent pas dans le savoir-faire et dans le talent, ni dans votre réputation ou dans votre image que vous astiquez méticuleusement, et surtout pas dans vos réalisations passées. Votre force et votre génie proviennent plutôt de votre dimension intérieure avec laquelle vous devrez, tôt ou tard, vous réconcilier si, toutefois, le succès et la prospérité vous intéressent vraiment. L'ego tente sans cesse de squatter votre mental – avec un étonnant succès jusqu'à présent – et veut vous garder petit en vous laissant croire qu'« avoir raison » ou « bien paraître » est très important, même s'il ne s'agit que de distractions qui retardent la réalisation de vos rêves.

Vos meilleurs amis véhiculent le plus important message de ce livre : votre force et votre génie sont actuellement prisonniers de vos peurs, de vos doutes, de votre ego et de la propension de votre mental à se réfugier dans le passé ou le futur, infligeant par ce fait même un dur coup à votre capacité à créer de la valeur puisque cette dernière ne se manifeste que dans le moment présent, là, justement, où vous êtes malheureusement absent la plupart du temps.

L'embuscade est parfaite pour qui ne voit qu'avec les yeux de la peur et du doute. Mais il s'agit simplement d'une illusion créée de toutes pièces par l'ego.

Chaque fois que vous vous surprenez à *réagir* aux circonstances de la vie et aux comportements « agaçants » des autres, au lieu de simplement y *répondre* consciemment, vous tombez dans l'embuscade, l'illusion ayant bien réussi à vous piéger. Votre colère et votre impatience s'enflamment et consument une bonne quantité d'énergie vitale dont vous auriez pourtant eu grand besoin pour accéder au meilleur de vous-mêmes.

Les Êtres humains munis du Savoir-Être conscient ne se laissent plus distraire par les conflits et les dysfonctionnements, étant capables de les neutraliser alors que ces derniers sont encore au stade de l'embryon inoffensif. Les Êtres humains dont le niveau de conscience est plus élevé ont rejeté les conflits comme outil de communication, autant dans leur vie personnelle que dans leur vie professionnelle. C'est un choix qu'ils font et refont à chaque instant de leur vie. Leur énergie vitale et leur capacité à accéder à leur plein potentiel sont ainsi préservées de toutes les distractions qui pourraient les faire dévier du chemin menant à la réussite exceptionnelle.

Ce chapitre vous a donné quelques clés permettant de vous distancer de l'ego. Vous avez devant vous de nombreux choix qui n'attendent que l'action pour les activer. À vous de recouvrer la vue, à vous d'apprendre à écouter avec attention et empathie, à vous de vous tenir debout, de vous sortir de l'illusion, d'adopter des attitudes et des comportements de très haut niveau dont les impacts ne seront que positifs, à vous de reprendre le volant de votre propre vie. Et, finalement, à vous de choisir et d'écouter attentivement vos meilleurs ennemis et vos meilleurs amis.

Quatrième partie

La grande riposte

Maintenant que vous venez de terminer la lecture de la plus grande partie de ce livre, vous comprenez que l'entreprise traditionnelle est maltraitée, incomprise et menacée dans son existence même. Vous réalisez aussi que la plupart des mauvais coups proviennent de ses employés et ses dirigeants. Vous comprenez aussi que le statu quo est un chemin qui mène directement à des difficultés sans cesse croissantes. Vous voyez un peu plus clairement comment et pourquoi la vieille énergie du passé n'est pas une réponse appropriée aux exigences du présent. Vous vous rendez compte qu'il y a des comportements qui alourdissent le fardeau de l'entreprise, et d'autres qui la propulsent vers le haut.

Un Être humain qui choisit d'élever son niveau de conscience prend la meilleure et la plus durable décision de toute sa vie ; l'intelligence « logique » qui l'habite à ce moment se transformera en une intelligence beaucoup plus vaste et puissante. Les meilleurs leaders du monde, ceux qui ont le plus influencé positivement l'évolution de la conscience humaine, étaient vraisemblablement dotés d'une grande intelligence guidée et nourrie par un niveau de conscience supérieur.

En tant qu'Êtres humains, rien ne vous empêche d'entreprendre un questionnement personnel ouvrant la porte à un éveil de votre dimension intérieure et à une élévation de votre niveau de conscience. Une intelligence bien guidée, éveillée et consciente mettra fin à ces émotions énergivores et à ces souffrances qui reprennent parfois du service et qui drainent l'énergie vitale dont vous avez pourtant tellement besoin pour construire votre destinée à l'image de vos aspirations les plus profondes. Une intelligence bien nourrie par un niveau de conscience supérieur vous permettra de goûter quotidiennement aux fruits de l'intuition et de l'audace. Vous pourrez alors dire adieu à toutes les peurs, aux angoisses et au stress énergivore qui hantent votre existence. Finies les sautes d'humeur dont les impacts sont très coûteux à court, moyen et long terme. Terminées les réactions émotionnelles immatures qui ne font que causer de la souffrance sans pour autant régler quoi que ce soit.

Osez emprunter un nouveau parcours que votre intuition qualifiera d'étonnant et de puissant. Peu importe la longueur du chemin que vous serez capable de parcourir au début, ces petits pas vous apporteront des victoires qui vous donneront le goût d'accéder à votre plein potentiel en tout temps. Dès lors, le retour en arrière deviendra impossible.

Ripostez! En utilisant votre extraordinaire potentiel depuis longtemps sous-utilisé, répondez vigoureusement à ces forces qui vous retiennent dans la facilité et dans la normalité. Sortez de l'ordinaire et joignez l'*exceptionnel*. Refusez ce qui est petit, ne visez plus jamais en bas de votre plein potentiel!

Chapitre 12

L'Être humain à l'heure des choix

L'écrasante majorité des Êtres humains de la planète Terre sont convaincus d'avoir la pleine maîtrise de leur vie. Or, beaucoup ne mènent pas la vie qu'ils auraient souhaitée. Leur vie semble être organisée autour de leur travail ou de circonstances de la vie hors de leur contrôle. Un grand nombre disent être malheureux ou, du moins, pas heureux de manière optimale. Souvent, ils ne trouvent même plus le sens originel de leur implication au travail ou dans leur relation conjugale. Ils divorcent, ils font des colères, ils sont jaloux, stressés, angoissés, fatigués et malades. Ils accumulent du ressentiment et parlent négativement de leur milieu de travail, de leurs amis et de leur conjoint(e), tous des indicateurs d'un niveau de bonheur et de satisfaction plutôt faible. Puisque ces gens croient maîtriser leur vie et qu'en même temps ils ne sont pas heureux, est-ce à dire qu'ils choisissent volontairement l'ordinaire ou, pire, la médiocrité ?

Il semble bien que ces Êtres humains ont abandonné la maîtrise de leur vie aux mains de la peur, du doute, de l'obsession du paraître et du matériel, de dépendances de toutes sortes, de la facilité et de l'indiscipline. Bref, ces Êtres humains, sincères et honnêtes, ont abdiqué la responsabilité de leur bonheur et de leur prospérité. Ils préfèrent se laisser emporter par le courant ambiant plutôt que de faire les efforts requis et de pagayer courageusement et énergiquement dans la direction de leurs rêves. Ainsi, la conviction d'avoir la pleine maîtrise de leur vie n'est qu'une illusion. On peut les entendre se plaindre pour tout et pour rien, comme des victimes des circonstances de la vie et des autres, sans se rendre compte que leur destinée est plutôt le produit de leurs choix et de leurs décisions – ou peut-être de leurs non-décisions. Pourtant, ils sont les architectes, les constructeurs et les occupants de leur qualité de vie en général, et de leur bonheur et prospérité en particulier!

Les dirigeants de l'entreprise traditionnelle ont la même conviction concernant leur entreprise. Ils ont notamment la certitude que les obstacles qui nuisent à l'atteinte de leurs objectifs proviennent du monde extérieur, donc hors de leur contrôle. Ils ne se rendent tout simplement pas compte que les circonstances de la vie ne prennent pas de décisions pour eux. Ils ne voient pas que les conflits et les dysfonctionnements à l'intérieur de leur propre entreprise ne pourraient subsister sans leur bénédiction, directe ou indirecte.

L'Être humain adore blâmer les circonstances de la vie et les *autres* pour ses *malheurs*. Mais ses plaintes et ses blâmes ne contribuent en rien à sa réussite. Elles ne font que lui confirmer qu'il a abandonné le contrôle de sa vie, quelque part entre ses rêves et l'action requise pour qu'ils se réalisent.

À tout moment dans leur vie, les Êtres humains, libres et autonomes, peuvent choisir de changer vigoureusement de direction. Ils peuvent choisir d'abandonner ce qui les garde petits et décider d'emprunter un autre chemin, oui plus exigeant, mais combien plus exaltant et, de surcroît, beaucoup plus favorable à l'expression de leur plein potentiel. Ils peuvent, *s'ils le veulent,* décider de s'offrir la plus heureuse vie personnelle et professionnelle qu'il soit possible d'imaginer, et de franchir le Rubicon de l'ego, en criant le « Alea jacta est » de Jules César.

Choisir la réussite et le bonheur, c'est aussi couper les ponts qui nous relient encore à l'ancienne énergie; c'est abandonner derrière soi les débris de sa vie ordinaire et c'est foncer tout droit devant, en direction du meilleur de soi.

Cependant, les Êtres humains sont également libres d'opter pour le statu quo tranquille, pour le *Home Sweet Home* et pour les petits plaisirs éphémères.

À vous la liberté de choisir !

Reprendre le contrôle de sa destinée

Votre destinée sera éventuellement remplie de ce que vous aurez permis qu'il y soit. Choix après choix, une action à la fois, à l'image de votre niveau de courage et d'audace, voilà comment se tissera votre vie au fil des heures, des jours, des années et des décennies à venir. Beaucoup d'Êtres humains ont, depuis longtemps, abandonné le contrôle de leur destinée, ayant plutôt laissé le hasard déterminer leur histoire au gré de la chance et des circonstances de la vie. D'autres en ont décidé autrement.

À tout moment dans la vie, peu importe la profondeur du trou dans lequel vous vous trouvez, vous pouvez décider de reprendre le contrôle de votre vie et de transformer votre épave en formidable navire amiral qui répand bonheur et réussite sur son chemin.

Reprendre le contrôle de sa vie personnelle et de sa vie professionnelle est une simple décision, un simple choix. Personne ne peut enlever ce choix à un Être humain. Seul ce dernier peut abdiquer ce choix. Lorsqu'il a le sentiment qu'il n'a pas le choix, l'Être humain ressent, en fait, la peur de prendre la responsabilité devant la panoplie d'options qui s'offrent à lui. Il a peur de perdre le peu qu'il lui reste. Voilà l'illusion qui fonctionne très bien avec la plupart de ceux qui choisissent le statu quo.

En lisant ce livre, vous perdrez graduellement l'immunité de l'inconscience dont est muni celui qui ne sait pas. Puisqu'une nouvelle perspective audacieuse vous est maintenant offerte, puisque vous connaissez, maintenant, les chemins qui ne fonctionnent pas très bien et ceux, extraordinaires mais plus difficiles, qui mènent vers le bonheur et la réussite exceptionnelle, puisque vous savez que vous aurez pleine maîtrise de votre vie si vous en décidez ainsi, révoltez-vous et reprenez les guides de votre destinée, décidez, choisissez, agissez, passez à l'action, connectez-vous à votre dimension intérieure et édifiez votre réussite à votre image.

Vouloir, choisir, décider, agir, accomplir, réussir

La réussite exceptionnelle n'arrive pas seule : elle se construit, un pas à la fois. Sans une volonté de marcher vers un objectif, rien n'arrivera. Dès que la volonté d'accomplir quelque chose se manifeste, l'Être humain doit faire des choix, ce qui veut dire prendre des risques, abandonner ceci, prendre un tel chemin plutôt qu'un autre, s'accorder avec ses valeurs.

Impossible de reprendre le contrôle de sa destinée lorsque l'Être humain est dominé par la paresse, la mollesse, les dépendances et la peur. On trouve des millions de dirigeants et d'employés qui n'osent pas entrer courageusement en action pour réaliser leurs rêves et qui s'attendent à ce que leur destin, conçu par les autres et modelé par les circonstances de la vie, soit des plus heureux.

Ripostez ! Tenez solidement les rênes de votre vie. Secouez-vous, offrez-vous l'action et la volonté. Sortez de votre torpeur. Vous serez étonnés en découvrant toute la richesse qui dort en vous et qui n'attend que vous.

Comprendre les mécanismes de la création de valeur

La création de valeur est un aboutissement, un résultat à l'image du savoir-faire, du talent, de l'intelligence, de l'intuition, de l'imagination, des comportements, des attitudes et de l'état intérieur des Êtres humains qui l'ont engendrée.

Retirez le bonheur… et la création de valeur tombe immédiatement en panne. Bloquez l'intuition par une microgestion tatillonne… et la création de valeur s'enfuit en compagnie de l'imagination. Bousculez vos meilleurs employés… et ils iront enrichir les rangs d'une autre entreprise, peut-être ceux d'une Organisation Consciente, en emportant avec eux leur capacité à créer de la valeur étonnante.

Les Êtres humains évoluant dans un environnement de travail stimulant, où l'erreur et les essais sont permis, où les outils et le soutien sont disponibles, où le niveau de qualité relationnelle est élevé et où les charges de travail sont réalistes, peuvent beaucoup plus facilement accéder à leur plein potentiel et, ainsi, créer de la valeur étonnante hors normes.

De nombreux dirigeants et employés ne savent tout simplement pas que la création de valeur à son plein potentiel se manifeste surtout dans un environnement de travail très humain et de haute qualité. Ils investissent une énorme quantité d'énergie vitale de l'entreprise dans le talent et dans le savoir-faire tandis que la clé de la grande création de valeur se trouve ailleurs. Dans une organisation où la dimension humaine n'est pas élevée au rang de priorité stratégique, et où l'Être humain est considéré comme un simple outil au même titre que les ordinateurs et le téléphone intelligent, l'atteinte du plein potentiel humain est hors de portée. Les quelques récompenses puériles et matérielles ayant comme objectifs de stimuler la mobilisation et la motivation des troupes donneront peut-être temporairement l'impression que le génie s'est remis au travail, mais il ne s'agit que d'une illusion au service de l'ego qui adore l'attention et les récompenses. Les mécanismes de création de valeur ne se manipulent pas au moyen du superficiel.

Ripostez et osez remettre en question vos approches principalement basées sur les techniques et les connaissances. Ces dernières sont importantes, comme je l'ai maintes fois mentionné dans ce livre, mais elles ne sont pas déterminantes pour vous permettre d'accéder à la réussite exceptionnelle. En acquérant les outils et les habiletés du Savoir-Être conscient, vous serez en mesure de déployer une culture organisationnelle permettant aux créateurs de valeur d'accéder à leur plein potentiel en tout temps.

Éliminer les distractions énergivores

Rappelez-vous que le seul instant où il est possible de créer de la valeur, c'est dans le moment présent, lorsque toutes vos facultés intellectuelles et votre dimension intérieure sont synchronisées dans une danse harmonieuse, laissant votre intuition et votre imagination se manifester à leur plein potentiel. Votre mental est alors dédié à une seule chose : créer un espace de travail pour accueillir l'intelligence, le talent et la mémoire. Attention, création de valeur de grande qualité en cours !

Mais prenez garde ! Une seule distraction, et le mental se tourne vers le passé ou le futur. Il n'est soudainement plus disponible pour créer de la valeur. Une seule émotion énergivore, et c'est le repli de l'intuition et de l'imagination. Un environnement de travail bruyant, de l'air de mauvaise qualité, un peu de commérage, une couple de plaintes en confidence, une directive frustrante, une charge de travail excessive ou un manque de soutien et d'outils suffisent amplement pour bloquer l'accès au plein potentiel. Il y a aussi les conflits et les dysfonctionnements dans les vies personnelles et professionnelles et dans l'environnement de travail de nombreuses entreprises traditionnelles qui représentent de formidables distractions empêchant assurément les Êtres humains d'accéder à leur espace créatif!

Ces distractions sont très nombreuses dans les environnements de travail de faible qualité et parmi les Êtres humains malheureux et en recherche de sens dans leur vie.

Ripostez! Libérez vos chemins de ces distractions énergivores qui bloquent l'accès à votre plein potentiel!

Rétablir l'harmonie entre vie personnelle et vie professionnelle

Lorsque la vie professionnelle d'un Être humain empiète sur sa vie personnelle, des lendemains douloureux sont à prévoir. Voilà un indicateur de la perte de contrôle de sa destinée. Ainsi, une question surgit: qui ou quoi contrôle cette destinée qui est la vôtre? La vie personnelle, la relation de couple, le lien avec les enfants et avec les amis, qu'en restera-t-il lorsque la carrière prendra fin?

Ripostez! Rétablissez l'harmonie entre votre vie personnelle et votre vie professionnelle. Elles pourront alors se nourrir mutuellement et vous redonner les forces nécessaires vous permettant d'accéder en tout temps à votre plein potentiel.

Reprendre confiance et s'affirmer authentiquement

Aucun Être humain ne peut vivre heureux et accéder à son plein potentiel lorsque la « confiance en soi » est timide, voire absente. Avoir confiance en soi et s'affirmer sans peur, c'est dire « oui » à l'humilité, à l'audace et à la créativité. C'est dire « oui » à son intuition et à son imagination. C'est accepter d'avoir besoin des autres dans ses projets. C'est accueillir ses imperfections et ses erreurs avec empathie et autodérision. C'est une invitation à briser les barrières du statu quo et de la normalité.

Contrôler sa destinée implique nécessairement une immense dose de confiance en soi. Toutes les fois que l'Être humain doute de ses propres forces intérieures, il remet les clés de sa destinée à la « peur de ce que les autres vont penser ». L'Être humain qui s'en remet au vent ambiant pour l'aider à choisir la direction de sa destinée renie sa dimension intérieure, celle qui est la plus dense expression de sa vraie identité. Ce faisant, il construit sa destinée à partir d'éléments sur lesquels il n'exerce aucun contrôle.

Ces Êtres humains qui choisissent la plus pure authenticité dans leurs échanges avec les autres et avec eux-mêmes sont les artisans de leur propre bien-être. Lorsqu'ils se regardent dans le miroir, ces Êtres humains ressentent un profond bonheur, comme celui qui émerge lorsqu'on constate que le devoir a été accompli avec honneur et dignité.

S'aimer assez pour s'offrir toute la confiance en soi et pour oser s'affirmer avec authenticité représente probablement l'une des plus puissantes ripostes au statu quo et à l'ego. L'Être humain qui choisit ce chemin avance certainement vers un niveau de conscience plus élevé, ouvrant ainsi la voie au bonheur et à la réussite exceptionnelle.

Renouer avec le sens, la cohérence, ses valeurs et ses rêves

Il y a des Êtres humains qui décident de briser les parois qui les isolent de la vie exaltante. Ils ont parfois, en cours de route, perdu le sens et la cohérence de leur vie personnelle et de leur vie professionnelle. Ils veulent être heureux, mais, en même temps, ils s'aperçoivent qu'ils ont choisi un emploi qu'ils n'aiment pas. Ils veulent réussir leur vie familiale, mais ils se sont engagés dans une relation conjugale alors qu'ils n'avaient pas de projets communs stimulants. Ils veulent s'inspirer de valeurs profondes alors que l'attrait de la matérialité occupe une grande partie de leur mental. Ils avaient des rêves… mais ils n'ont plus que des obligations qui ne laissent aucun temps pour le repos, le recul et le rêve.

Peu importe le succès matériel, peu importe l'ampleur de la réputation ou des accomplissements passés, peu importe les projets à venir, le bonheur n'est-il pas ce qui compte le plus ? Si le bonheur est présent dans votre vie, que vous manque-t-il vraiment ? Et si l'abondance matérielle est au rendez-vous, mais que le bonheur est absent, à quoi bon ?

Renouer avec le sens, la cohérence, ses valeurs et ses rêves demande un immense courage. Vivement ce temps d'arrêt, ce passage obligé favorisant la réflexion, ce moment de calme permettant de réorienter sa vie vers l'essentiel. Quelle robuste réponse à l'ego et à la peur, au statu quo et à la paresse, qui tenteront, à fort prix, de conserver leur contrôle sur votre destinée.

Ripostez, osez remettre en question la direction de votre vie. Réalignez vos rêves et vos décisions. Joignez l'action à vos paroles. Expérimentez l'audace et le courage. Mais attention, vous risquez alors de prendre goût au bonheur et à la réussite, et ce sera tant pis pour vous !

Libérer le génie de sa bouteille

Le génie créateur en vous – votre intuition, votre imagination, tout cela entremêlé avec votre savoir-faire et votre talent – ose rarement se manifester *entièrement*, dans sa plus authentique expression. Souvent, il est enfermé dans certains protocoles, encadré par des règles et des normes strictes. Le génie se replie alors sur son imagination et utilise les pensées pour simuler ses créations. Il rêve à ceci ou à cela, mais l'œuvre concrète ne verra jamais le jour, car aucun espace-temps n'est offert à l'action.

Les années passent et certains Êtres humains auront accumulé, en une seule décennie, près de 15 000 heures devant un écran électronique à gober des insignifiances, soit l'équivalent d'environ sept ou huit années de vie perdues à jamais dans la banalité. Ils se retrouvent, dix ans plus tard, sur la même case départ à jongler avec des pensées et à se plaindre de leur situation.

Certains autres Êtres humains viennent cependant au secours de leur génie créateur. Ils ouvrent la bouteille et le libère. Quelques heures en moins devant la télé remplacées par des lectures ou par d'autres apprentissages suffisent souvent pour tracer un nouveau chemin vers le bonheur et la réussite. Ces Êtres humains, plus disciplinés et plus attentifs au sens qu'ils veulent vraiment donner à leur vie, investiront plutôt le même nombre d'heures à s'autoéduquer, à apprendre, à élargir leur horizon. Dix années plus tard, ils ont réalisé leurs rêves. Deux chemins séparés empruntés par des Êtres humains semblables qui mènent cependant à deux résultats totalement différents. La discipline : voilà l'ingrédient *secret* permettant de libérer le génie créateur prisonnier de tant d'Êtres humains démotivés.

Conscience et intelligence : une puissante coalition

L'histoire nous démontre que l'intelligence et la conscience forment deux entités complètement distinctes. Un Être humain peut faire montre d'une grande intelligence par sa capacité d'analyse et par son habileté à inventer des solutions géniales, mais, par la suite, il peut aussi surprendre par son incapacité à établir des contacts humains de qualité, ce qui peut lui causer de graves préjudices.

Certains dirigeants sont de formidables machines à créer de la valeur, mais leurs attitudes et leurs comportements envers leurs employés, leurs clients et leurs fournisseurs viennent, par la suite, saboter leur élan vers la réussite. De même, certains employés démontrent une intelligence nettement au-dessus de la moyenne par leur habileté à mettre en œuvre leur savoir-faire et leur talent et, en même temps, ils sèment conflits et malaises dans leurs sillons, se privant ainsi de la force collective pour provoquer la réussite.

De la même manière, des femmes et des hommes très intelligents vivent en couple et recherchent sincèrement le bonheur, mais ils laissent leurs émotions spontanées faire la loi, affaiblissant un peu plus chaque fois les liens qui les ont unis au départ.

L'intelligence pure me fait penser à la lame très coupante d'un couteau tandis que la conscience, c'est la main qui tient fermement ce dernier. Quelle merveilleuse invention que cet outil aux multiples applications ; mais attention, ce dernier peut rendre de fiers services tout comme il peut provoquer des drames, selon l'utilisation qu'en fera la main.

Ce n'est pas l'intelligence qui détermine la qualité de l'œuvre, mais le niveau de conscience qui accompagne ladite intelligence. Plus un Être humain sera conscient de ses environnements intérieur et extérieur, mieux il est en mesure de prendre les bonnes décisions lui permettant de guider son intelligence dans la bonne direction.

Ainsi, élevez constamment votre niveau de conscience, car l'altitude de celle-ci déterminera la puissance et l'efficacité de votre riposte à ce qui vous maintient en deçà de votre plein potentiel.

Ripostez au statu quo et à l'ego

Dès que vous constatez qu'il existe de nombreuses solutions de rechange au statu quo et à l'ego qui adorent vous garder petit et victime de la vie, dès que vous réalisez que le modèle de l'entreprise traditionnel ne convient plus comme réponse à la nouvelle réalité socioéconomique-numérique, dès que vous prenez note de votre niveau de bonheur actuel et des possibilités beaucoup plus prometteuses qui s'offrent à vous, ripostez!

Décider de choisir de changer d'orbite ne vous coûte rien. Cela demande certainement de la discipline, du courage et de la persévérance, mais la récolte promise est tellement abondante que le doute ne fait pas le poids.

À vous de choisir avec quelle force vous êtes prêt à riposter au passé et au statu quo qui continuent de vous engluer dans la colle de l'ego et de sa peur. À lui seul, le Savoir-Être conscient est amplement – et facilement – capable de vous propulser très loin et très haut, dans un nouvel univers où vous aurez continuellement accès à votre plein potentiel autant dans votre vie personnelle que dans votre vie professionnelle.

Chapitre 13

La réussite préméditée

Parfois, il suffit de quelques années pour que nombre de dirigeants et d'employés oublient de consulter leur plan de réussite. Jadis propulsés par l'enthousiasme et la motivation, ils ont démarré un nouveau projet. Ils ont méticuleusement calculé leurs coups et leurs coûts, ils ont soigneusement réfléchi et rédigé un plan d'affaires qu'ils ont finalement déposé sur une tablette poussiéreuse et, par la suite, au hasard de la route déjà parcourue, ils se sont fait happer par la routine. Le point de départ et le point d'arrivée se sont éventuellement entremêlés dans une vision devenue embrouillée. Le quotidien réclamant son dû, leur regard a quitté l'horizon, trop préoccupés étaient-ils à réagir aux circonstances de la vie et aux micros aspérités de la route.

Les dirigeants et les employés de l'Organisation Consciente ne perdent jamais de vue le sens et la qualité de chacun de leurs pas, ceux-là mêmes qui engendrent chaque cellule formant la réussite. Ils la préparent à chaque instant cette réussite hors normes ; elle est calculée, vérifiée, surveillée, mûrie et voulue. Elle ne connaît pas le hasard et n'a jamais rencontré l'aléatoire. Ces *créateurs* de réussite savent qu'un seul petit pas dans la mauvaise direction, parfois le temps d'une distraction, les éloigne temporairement de la réussite, tandis que chaque pas de qualité dans la bonne direction les en rapproche. Ils veillent à ce que leurs décisions, choix, attitudes, comportements, paroles, gestes et actions soient en tout temps cohérents avec leur objectif.

La réussite exceptionnelle est précieuse dans son unicité et demande énormément d'attention vigilante. Cette réussite de grande qualité est incroyablement préméditée.

Un nouveau modèle d'affaires s'impose

Pendant que les dirigeants de l'entreprise traditionnelle s'accommodent très bien de la tranquille normalité et du statu quo rassurant, un nouveau modèle d'affaires apparaît sur l'écran radar de la nouvelle réalité socioéconomique-numérique. Une nouvelle manière de voir, de faire et de vivre l'entreprise émerge dans certains cercles non traditionnels. Ce que les entreprises traditionnelles nommaient, encore hier, « réussite » paraît aujourd'hui bien pâle lorsque comparé aux résultats générés par l'Organisation Consciente.

Ouverture d'une fenêtre sur une culture et une structure organisationnelles, aussi nouvelles qu'humaines, qui donnent accès au plein potentiel créateur humain au sein de l'entreprise.

Nouveaux vecteurs de création de richesse et de réussite exceptionnelle

La création de richesse et de valeur ne proviendra désormais plus seulement du talent et du savoir-faire de quelques-uns. La création de valeur étonnante glisse rapidement des mains de ceux qui fonctionnent en mode « savoir » pour se retrouver chez ceux qui ont apprivoisé le mode « apprendre ». La froide logique basée sur les expériences du passé est remplacée par la curiosité et l'intuition, toutes deux nourries par une dimension humaine assoiffée de nouveaux chemins. La réussite du cerveau n'est plus déterminante tellement celle du cœur étonne. Toutes les anciennes recettes de création de richesse sont remises en question. Ce qui était normal encore hier est devenu un obstacle aujourd'hui. Ce que l'on regardait avec amusement et incrédulité encore hier s'est transformé en solide repère aujourd'hui. L'excellence qui, hier encore, propulsait les entreprises sur la plus haute marche du podium ne suffit même plus, aujourd'hui, pour simplement participer à la course.

L'exceptionnel s'impose dans toute sa force splendide et il change la définition de la performance. Les comparatifs d'hier ne tiennent plus la route de la nouvelle réalité contemporaine. L'expérience et les connaissances du passé n'ont plus la valeur que nos parents leur accordaient. C'est le début d'un temps nouveau.

Le Savoir-Être conscient redéfinit les règles du jeu

Pour simplement survivre, l'entreprise traditionnelle devra se métamorphoser. Le chantier semble vaste. Plusieurs le trouvent hors de portée de leur savoir-faire. Mais, attention, voilà une bonne nouvelle : le grand changement ne requiert aucun nouveau savoir-faire. **C'est la dimension *humaine* qui prend le relais**, soutenue et propulsée par un savoir-être de très haut niveau que l'on nomme désormais le **Savoir-Être conscient.**

Visiblement, la réussite préméditée avance ses pions et impose sa nouvelle façon de voir, de faire et de vivre à ceux qui veulent vraiment changer d'orbite, autant dans leur vie professionnelle que personnelle. Bien encadrés par le Savoir-Être conscient, des Êtres humains audacieux et courageux s'apprêtent à faire leurs premiers pas vers le bonheur et la réussite exceptionnelle et, ainsi, contribuer à plein potentiel au succès de leur entreprise.

Dirigeants, syndicats, employés et actionnaires : une alliance consciente

Bien que travaillant dans la même organisation, de nombreux Êtres humains s'affairent à affaiblir celles et ceux qui ne partagent pas leur opinion et leur agenda « politique ». On voit patrons et syndicats s'affaiblir les uns les autres, se considérant mutuellement comme des ennemis. Des syndicats font passer l'intérêt de leur establishment avant celui de leurs membres. Des négociations prennent des allures de conflits de personnalités. Des moyens de pression mettent en péril la survie de l'organisation. Des dirigeants veulent augmenter les profits en appauvrissant et en maltraitant leurs créateurs de valeur. Ces mêmes dirigeants voient le syndicat comme un obstacle sur le chemin de la réussite alors qu'il n'est que le miroir de ce qu'ils ont eux-mêmes créé.

Pourtant, pourtant, la réalité indique que tous – dirigeants et employés – font partie du même voyage, dans le même bateau. Ces Êtres humains semblent simplement avoir perdu le sens de leur entité globale. Ils croient que l'ennemi est devant eux alors que la vraie menace provient d'eux.

Dans l'Organisation Consciente, dirigeants, employés et actionnaires redécouvrent leurs intérêts communs, pourtant si évidents depuis le début. Et puisque, désormais, tous les Êtres humains faisant partie de l'Organisation Consciente maîtrisent les mécanismes de la création de valeur, une culture organisationnelle de grande qualité peut maintenant se mettre en place et ainsi favoriser le déploiement optimal de toutes les forces vives de l'organisation.

Une alliance consciente voit le jour et débarrasse l'entreprise des pertes d'énergie et des distractions qui l'empêchaient, encore récemment, d'accéder efficacement à son plein potentiel. Une solidarité intelligente et consciente vient changer la dynamique relationnelle dans l'environnement de travail. Le vent du changement se lève ; les voiles d'une nouvelle conscience se gonflent graduellement. Et ce n'est que le début.

Passer d'une structure verticale à une structure horizontale et consciente

Dans l'entreprise traditionnelle, l'information circule habituellement du haut vers le bas. Ce qui veut dire que, lorsque le patron en haut manque de perspective, le contenu qu'il envoie vers le bas manquera, lui aussi, de perspective. Et ce faible contenu, surtout qualitativement parlant, atterrira éventuellement sur le bureau d'un subalterne qui devra s'en servir comme point de départ, et ainsi de suite pour le reste de la hiérarchie se déroulant davantage vers le bas. Voilà comment naît la spirale de la médiocrité, de l'embonpoint et de l'éparpillement.

Bien sûr que la hiérarchie verticale est rassurante pour... la hiérarchie. Elle conforte les dirigeants et les investisseurs qui recherchent le pouvoir et leur mutuelle approbation. Elle permet, notamment, d'éviter les détours de la réflexion prolongée... et pénible. Elle facilite l'action rapide et le court terme.

Alternativement, la hiérarchie horizontale représente une importante menace pour l'establishment. Elle ouvre des fenêtres que certains auraient préféré maintenir fermées, de peur qu'un courant d'air frais ne vienne brusquer le *savoir* officiel. Elle effraie le statu quo et le pouvoir. Elle est, bien sûr, plus lente dans son exercice, ce qui ne rassure pas les dirigeants et investisseurs adeptes du court terme. Pour ces derniers, la hiérarchie horizontale représente le chaos versus l'ordre ! Les idées géniales stimulées par la hiérarchie horizontale révulsent l'establishment, car elles utilisent

parfois des chemins peu fréquentés et exigent donc de l'establishment un surplus de travail et de réflexions... pour les
contrer.

On peut aussi raisonnablement penser que de nombreux
scandales récents, dévoilés par la puissante lumière des nouveaux médias, n'auraient jamais pu prendre forme dans des
entreprises baignant dans une hiérarchie horizontale.

L'Organisation Consciente, en tant qu'entité vivante, adore
la hiérarchie horizontale, car cette dernière lui promet un
environnement où ses intérêts supérieurs sont priorisés. Les
gains personnels, les egos, les « one-man-show », les manigances et les complots, les conflits stériles et les dysfonctionnements ont beaucoup moins de prise sur une hiérarchie
horizontale, car l'intense lumière provenant de ses nombreuses fenêtres éclaire tous les chemins, exposant ainsi à la
vue de tous les motivations de chacun et de l'ensemble. Plus
encore, la hiérarchie horizontale permet à l'information de
circuler non seulement du haut vers le bas, mais aussi horizontalement et du bas vers le haut. Il n'y a pas de formalités
déterminées ou obligatoires pour la circulation des bonnes
idées et de l'intuition.

Ces réflexions pourraient fort bien vous amener à découvrir que plus on grimpe en altitude dans la hiérarchie d'une
entreprise traditionnelle, plus on a l'impression que ce qui est
en bas devient petit. La hiérarchie verticale permet peut-être
d'aller plus vite, mais la hiérarchie horizontale permet assurément d'aller beaucoup plus loin.

Ripostez donc! Éliminez ces fonctions inertes et étagées, ces
rapports inutiles, ces réunionites et toutes ces autres activités
qui servent plus l'ego et les intérêts personnels de quelques-
uns plutôt que ceux de l'entreprise elle-même, de ses employés
et de ses clients. Renversez les flux de circulation du génie
créateur, de l'intuition, de l'imagination. Implantez ces forces

horizontales qui ne demandent qu'à contribuer positivement à la réussite exceptionnelle de l'entreprise.

Passer du modèle « PDG traditionnel » au modèle « Équipe Dirigeante »

Puis-je, ici, vous proposer une réflexion qui pourrait vous amener à considérer encore une autre perspective de voir, de faire et de vivre l'entreprise ?

Étant donné la très grande complexité de la nouvelle réalité socioéconomique-numérique contemporaine, considérant les changements rapides, fréquents et profonds qui déferlent sur les entreprises, considérant l'infobésité qui s'abat sur les cerveaux fatigués et dépassés, considérant que le savoir-faire et le talent ne peuvent se déployer à leur plein potentiel que dans un environnement équilibré où le bien-être physique et psychologique est présent, est-ce que le modèle du PDG utilisé par nos parents et nos grands-parents est encore et toujours ce qu'on a de mieux à offrir à l'entreprise, ses actionnaires, ses employés et ses clients ? Permettez-moi d'en douter. Je sens qu'une mise à jour serait indiquée.

Et si l'*ancien modèle* était remplacé par une Équipe Dirigeante (ED) ? En d'autres mots, si le poste de PDG était formé d'une équipe formée de plusieurs personnes, par exemple, qui se partageraient les rôles ? Est-ce que l'intérêt supérieur de l'entreprise serait mieux servi ? Un PDG coupé de sa famille et de son équilibre de vie, dépassé, seul, peut-il mieux faire qu'une ED dont les membres sont en pleine forme physique et psychologique, équilibrés, solidaires, heureux, motivés et enthousiastes ? Est-ce utopique de penser que les ED pourraient beaucoup mieux répondre à la nouvelle réalité d'affaires ?

Allons un peu plus loin : comment, dans une Organisation Consciente dirigée par des ED déployées sur une hiérarchie horizontale, la fraude, la paresse, les intérêts personnels, le *brownout* et le *burnout* pourraient-ils s'immiscer ?

Je n'ai pas de « vérité » à vous dévoiler, mais mon intuition me suggère des chemins peu fréquentés, nouveaux, audacieux et révolutionnaires où l'*ancien* est totalement remplacé par le *nouveau*, et où les ingrédients capables de favoriser la réussite exceptionnelle sont tous présents. Il s'agit certainement d'une voie audacieuse et visionnaire qui serait capable de mener à l'obtention d'un avantage concurrentiel difficile à imiter. N'est-ce pas le fondement incontournable de la réussite en affaires ? Une chose est absolument certaine : le statu quo est devenu insoutenable.

Leadership d'influence, transformationnel et conscient

L'entreprise traditionnelle a besoin de dirigeants qui font plus que de « brasser des affaires ». Comme nous l'avons mentionné dans un chapitre précédent, le génie créateur *ne se trouve plus* dans le cerveau des PDG, mais plutôt chez les Êtres humains que l'on nommait encore récemment les « simples employés ». Or, ces Êtres humains ont besoin de beaucoup plus que de simples outils et de soutien pour pouvoir créer à la hauteur de leur talent et de leur savoir-faire. Ils ont besoin d'être inspirés, ils ont besoin d'alimenter cette flamme bleue intérieure qui provient du sens profond qu'ils donnent à leur contribution. Et c'est ici qu'un leader fort et influent peut apporter les quelques ingrédients capables de transformer l'ordinaire en exceptionnel, l'implication en engagement, le plaisir en passion et, finalement, le talent en créations géniales.

Dans ma propre expérience au travail, trois leaders ont profondément marqué le parcours de ma vie professionnelle et personnelle. Ces personnes au leadership exceptionnel ont réussi à influencer ma manière de voir, de faire et de vivre ma vie et la Vie. Leurs interventions, aussi intelligentes que bienveillantes, m'ont permis d'accéder à une orbite de pensée nettement supérieure.

Je dirais que la plupart des dirigeants *dirigent*, *planifient* et *décident* en priorité, tandis que les leaders d'influence écoutent, observent, soutiennent, accompagnent et inspirent avant tout. Les premiers sont surtout intéressés par l'avenir et les résultats, tandis que les seconds portent la plus grande partie de leur attention sur le présent et les Êtres humains qui produisent les résultats.

Plus déterminant encore que le leader d'influence, on retrouve le leader transformationnel. Cet Être humain maîtrisant les outils et habiletés du Savoir-Être conscient sait comment communiquer avec la dimension intérieure de chacun. Ses paroles dépassent ce que les mots, seuls, peuvent dire. Non seulement inspire-t-il les gens de son entourage par la chaleur radiante de son approche humaine, mais il crée dans son sillon des élans d'enthousiasme favorisant la manifestation du meilleur de chacun. Des vies personnelles et des vies professionnelles sont transformées au simple contact de cet Être humain plus grand que nature qui semble venu d'ailleurs. Ces rares leaders d'influence et transformationnels sont de véritables créateurs de richesse humaine.

Le nouveau modèle d'affaires permettant la réussite exceptionnelle ne se satisfait plus de l'ancien modèle de gestion de l'entreprise traditionnelle où les dirigeants s'affairaient à récompenser les bons résultats et à punir les erreurs. La réussite préméditée, exceptionnelle et consciente, celle qui se prépare et qui se construit pas à pas, passe par une élévation du niveau de conscience de ses Équipes Dirigeantes en premier lieu, et de tous les autres Êtres humains créateurs de valeur par lesquels elle se produira.

Traditionnelle ou exceptionnelle :
mêmes efforts, résultats différents

Beaucoup d'Êtres humains, sincères et courageux, évoluant au sein d'une entreprise traditionnelle tentent de réussir, *du mieux qu'ils peuvent*. Ils pensent à leurs enfants, à leur femme ou leur mari, à leurs collègues et aux clients, et je suis convaincu qu'ils recherchent le bonheur, la paix et le succès.

Travailler dans un environnement difficile avec des dirigeants et des collègues stressés et angoissés n'est pas une sinécure : les plus petites tâches semblent difficiles, une simple communication de routine est mal interprétée et tourne au drame, une réunion hebdomadaire se transforme en tour de Babel, un minuscule souci se métamorphose en céphalée. Vous avez compris que je décris quelques environnements typiques retrouvés dans plusieurs entreprises traditionnelles. Les Êtres humains qui travaillent dans une entreprise traditionnelle sont aussi sincères et dévoués que ceux de l'Organisation Consciente. Cependant, ils investissent une grande partie de leur énergie en pure perte, étant donné l'environnement de travail plus difficile et leur état intérieur souvent souffrant.

L'Être humain qui se joint à une Organisation Consciente bénéficie d'un environnement de travail et d'un ensemble de conditions de travail qui facilitent énormément la manifestation de son génie créateur. Et puisqu'il se retrouve au milieu d'un espace humain de très grande qualité, une spirale positive sans fin se met en marche et vient amplifier sa contribution exceptionnelle au point de provoquer un contagieux débordement sur l'ensemble de l'organisation.

La conclusion est plutôt facile : pourquoi choisir un chemin plus difficile, dépenser toute son énergie vitale et obtenir des résultats ordinaires lorsqu'on peut utiliser des chemins agréables, économiser la très grande partie de son énergie et obtenir des résultats exceptionnels ?

La réussite réfléchie et préméditée ne se contente plus de la vieille énergie où des modèles devenus dysfonctionnels ne répondent plus aux besoins des défis contemporains. Vivement un nouveau modèle d'affaires nourri et propulsé par le Savoir-Être conscient !

S'attaquer aux causes en amont des symptômes

Vous avez des brûlements d'estomac et vous avez trouvé le moyen de les éliminer : un médicament. Une lumière orange clignote dans le tableau de bord de votre voiture et cela vous inquiète. Vous décidez donc de masquer le clignotant. Dans les deux cas, vous aurez compris que ces signaux ne représentaient pas un problème ; ils n'étaient que des panneaux indicateurs pointant, chacun, vers un problème situé en amont. De même dans votre vie professionnelle et personnelle, de nombreux signaux tentent d'attirer votre attention vers la source d'un problème. Ainsi, les conflits et les dysfonctionnements ne sont que la manifestation visible d'une problématique plus fondamentale, en amont ; ils ne sont pas *le* problème. Alors que le mal d'estomac n'est qu'un possible indicateur de stress ou d'un déséquilibre alimentaire, les conflits et les dysfonctionnements indiquent probablement un niveau de conscience peu élevé.

Dans l'entreprise traditionnelle, on « gère » les conflits, l'épuisement professionnel et d'autres malaises qui ne sont, en fait, que des symptômes de causes *souches* en amont. Dans l'Organisation Consciente, on remonte les traces laissées par les conflits et les dysfonctionnements afin de débusquer les déclencheurs originels. Et c'est bien là que l'intervention permettra d'éliminer pour de bon les pertes d'énergie qui en résultent. Il faut réparer le tuyau du robinet qui coule plutôt que d'installer un sceau sous le lavabo. Il faut intervenir chez les Êtres humains qui n'ont pas appris à communiquer avec respect et bienveillance par une formation sur le Savoir-Être conscient au lieu de punir ponctuellement les mauvais comportements. Il faut mettre en place une culture organisationnelle qui favorise le déploiement du meilleur de chacun au lieu d'utiliser la peur de la sanction comme *outil de motivation*.

La réussite préméditée fait appel à une intelligence de très haut niveau, *l'intelligence consciente*. Cette dernière ne se contente pas de résultats apparents et éphémères basés sur l'illusion à court terme. Elle ne se contente pas non plus de « gérer » les problèmes : elle s'affaire à extirper les racines des causes, en amont des symptômes, qui plombent l'accès au plein potentiel de chacun. Rien de moins. Voilà un des *secrets* de l'Organisation Consciente.

Éliminer les fonctions sans valeur

Nombre d'entreprises traditionnelles sont aux prises avec des fonctions qui ne produisent pas, ou ne produisent plus, de valeur. Ces fonctions ont certainement été créées pour une raison précise et ponctuelle, il y a peut-être plusieurs décennies de cela – d'ailleurs, personne dans l'entreprise ne se souvient de l'historique exact – et se sont éventuellement solidement enracinées dans la hiérarchie verticale et se sont nourries en créant de l'activité « intéressante ».

Ces fonctions *sans valeur ajoutée* sont devenues des distractions pour les créateurs de valeur sans mentionner qu'elles consument des énergies vitales qui seraient tellement plus utiles ailleurs. Je ne voudrais offusquer personne, mais souvenez-vous de certaines certifications concernant la qualité, populaires dans les années 1990, qui ont très souvent engendré une montagne de paperasse et qui ont considérablement alourdi les procédures. De nouvelles fonctions génératrices de procédures ont alors été créées afin de normaliser la qualité du produit final et pour s'assurer que cette dernière soit conforme aux normes écrites dans le document relatif à la certification ; le tout, au détriment d'une culture **véritable**, capable d'induire la vraie qualité *préméditée*. Donc, une illusion laissant croire que l'application de la norme dispenserait de la réflexion et de l'engagement humain.

Pour entrer dans la danse de la nouvelle énergie, les peaux mortes doivent être brossées afin de laisser le corps respirer. Les Équipes Dirigeantes et les employés doivent remettre en question ces fonctions inertes qui s'autosuffisent. Parfois, il suffit de constater avec candeur que tel ou tel rapport annuel ou mensuel n'est ni requis ni lu par qui que ce soit. Ou encore que telle procédure n'apporte rien d'utile à la création de valeur.

En gardant en tête que le seul objectif de l'effort collectif est de servir l'intérêt supérieur de l'entreprise, ce qui passe nécessairement par la création de valeur de grande qualité pour le client, pourquoi ne pas examiner chacune des fonctions à la lumière de ce filtre ? La réussite préméditée n'en sera que mieux servie !

Établir une culture organisationnelle de qualité

Mon jardin m'a récemment révélé une grande leçon de vie. Un matin, j'aperçus un plant de capucines qui semblait malade. Trois feuilles étaient jaunies. Les nombreux autres plants et feuilles se portaient très bien et leurs fleurs écarlates m'émerveillaient. Mon attention revint au plant anémique. J'examinai le dos d'une des feuilles jaunies pour m'apercevoir que s'y trouvaient des centaines de pucerons, et quelques fourmis en plus. Même observation concernant les autres feuilles jaunies. Je ne trouvai cependant aucun puceron sur les feuilles vertes. Dégoûté, je retournai rapidement à la maison pour effectuer une recherche sur le web en espérant trouver une réponse. Surprise!

J'y appris que les fourmis aperçues parmi les pucerons sur les feuilles de capucine s'occupent, en fait, de leur «troupeau»; elles rassemblent les pucerons et les «cultivent» et les protègent afin d'obtenir de ces derniers le miellat dont elles se délectent. Les fourmis vont même chercher les pucerons situés sur les feuilles des autres plants et les regroupent sur quelques feuilles choisies. Elles les caressent de leurs antennes pour stimuler la production de miellat.

Vous vous souvenez de la maxime «Si tu veux récolter du miel, ne bouscule pas la ruche?» De nombreux dirigeants – PDG, VP, directeurs et superviseurs – ne semblent pas encore saisir combien cette maxime est toujours, et plus que jamais, d'actualité. En effet, les Êtres humains de la nouvelle réalité socioéconomique-numérique contemporaine répondent plutôt mal aux menaces, aux reproches, à la pression indue, aux injustices et au manque de respect. Un employé à haut potentiel qui se fait bousculer finira probablement par chercher un emploi ailleurs. Il partira avec son expertise et ses récents apprentissages, et ira enrichir le savoir-faire du concurrent. Tout cela parce qu'un dirigeant ou un superviseur n'a pas compris son rôle de «fourmi»!

En favorisant la présence du bonheur, de la passion et de l'intuition, le dirigeant ou le superviseur conscient favorise, en fait, ce qu'il recherche le plus, c'est-à-dire la manifestation du plein potentiel de chacun. La réussite préméditée est exigeante. Elle a besoin d'un environnement où l'authenticité, la bienveillance et la confiance règnent en permanence. Adieu les peurs et les doutes. Fini le grand théâtre où l'on fait semblant que tout va bien. L'authenticité s'invite et permet des échanges vrais, stimulants, efficaces et engagés.

Pour atteindre la *vraie* réussite, celle qui est exceptionnelle, l'Organisation Consciente porte une attention de grande qualité envers les vecteurs de la réussite exceptionnelle, notamment la chimie de la création de valeur et l'algorithme du succès, qui en forment les pierres angulaires. Voilà les deux conditions essentielles pour accéder au plein potentiel de l'organisation, que nous verrons plus en détail au chapitre suivant.

Perforer les parois du statu quo

Tant que le statu quo et que le courant « mainstream » de la pensée unique – conçu au temps où le mot *internet* n'existait même pas – feront la loi dans votre entreprise, vous vous trouverez sur un chemin embourbé comme ceux de milliers d'autres entreprises dont les dirigeants pensent et agissent comme vous, laissant ainsi peu de place pour se démarquer et réussir. Vous devrez riposter brutalement et faire des choix audacieux et courageux si toutefois vous avez toujours l'intention d'accéder à la réussite hors normes.

La réalité, au-delà du statu quo

Peu importe les croyances qui teintent votre vie professionnelle et personnelle, votre routine, votre univers tranquille et rassurant, il y a une réalité implacable qui vous attend de pied ferme dès que vous quitterez votre tenace illusion, peut-être à l'occasion d'un cuisant échec accompagné d'une intolérable souffrance, qui sait!

N'ayez crainte : cette intense souffrance ponctuelle, celle qui permet d'éliminer l'espace vide se trouvant précisément entre l'illusion et la réalité, est quand même éphémère pour ceux qui ne résistent pas à l'appel de la Vie. Ce passage que tentent d'éviter la très grande majorité des Êtres humains est pourtant extrêmement libérateur. Il donne accès à ce qui est *vrai* ! Il permet de s'éloigner du confus et du faux ! Il donne accès au génie créateur en soi. Il libère de la peur et de ce qui garde *petit*. Il ouvre la porte sur un univers infini où chacun peut créer sa propre destinée... consciemment.

La réalité, c'est l'opportunité d'accéder à un autre niveau de réussite, celle qui est réfléchie, celle qui est exponentielle et exceptionnelle. Elle est facilement accessible et se loge habituellement juste derrière le rideau de l'illusion.

Allez, ripostez ! Créez vous-mêmes votre destinée ! Brisez cette fine et fragile cloison qui se donne les allures d'un épais mur d'acier, et qui vous garde prisonniers de l'*ordinaire* grâce à votre nonchalante complicité. Évadez-vous de l'illusion et rejoignez la réalité afin de goûter au meilleur de vous-mêmes !

Les nouveaux outils

Les textes de ce bouquin ont le pouvoir d'activer des ressources cachées depuis toujours en vous. Ces textes dévoilent des outils capables de piquer votre curiosité et de chatouiller votre intuition. Le Savoir-Être conscient, par exemple, est l'outil le plus important révélé dans ce bouquin. Il vous permet de bondir verticalement et de sauter horizontalement à des distances quasiment infinies, bien au-delà du seul univers que vous avez connu jusqu'à présent.

Lorsque vous déciderez de riposter à la terne normalité ambiante, le Savoir-Être conscient vous permettra de sortir de l'enceinte du « more of the same » et vous propulsera sur une orbite où les nouveaux outils de la dimension humaine et de la pleine conscience ouvriront toutes les portes au génie créateur en vous. Brisez les parois qui vous maintiennent dans un faux univers où votre intuition et votre imagination éveillent la méfiance ! Utilisez les outils du Savoir-Être conscient, comme s'il s'agissait de la baguette magique de Harry Potter !

S'éloigner des normes établies et des vieilles énergies

Lorsque les « normes établies » et les « vieilles énergies » ont vu le jour – il y a très longtemps de cela –, elles représentaient les nouvelles perspectives du jour. Elles apportaient alors les réponses adéquates aux problèmes de cette époque ; mais elles ne sont plus d'aucune utilité aujourd'hui. Les Êtres humains ont cette tendance à conserver et à s'attacher au passé et à accumuler des biens matériels et des croyances, même s'ils ne servent plus à rien. Regardez simplement la quantité de choses accumulées dans le grenier de votre maison, choses que vous n'avez même pas utilisées depuis peut-être plus d'une décennie et dont vous n'aviez même plus souvenir de leur existence. Ne serait-il pas temps de procéder à un bon ménage ? La navette spatiale ne se détache-t-elle pas de ses réservoirs dès qu'ils sont vides ?

Une des clés pour bondir loin de la torpeur engendrée par le statu quo et nourrie par la charge du passé se trouve dans votre capacité à remettre en question les manières *de faire, de voir et de vivre* que vous avez apprises dans le passé. Méfiez-vous de ce qui est *officiel*, vérifiez la date de péremption du contenu, et tentez de réinventer le présent en humant profondément le futur. Commencez par évacuer les vieilles énergies qui bloquent l'arrivée des nouvelles,

tout simplement en stoppant les conflits et les dysfonctionnements qui ont présentement cours dans votre vie
personnelle.

Dès que les fines parois de votre mental qui vous
empêchent de franchir des murs érigés par les autres et par
votre propre illusion seront perforées, vous serez dès lors
étonnés du grand potentiel, le vôtre, qui n'attend que votre
audace et votre volonté pour s'activer. Ripostez et permet-
tez-vous la Vie, la *vraie* !

Se détacher de la masse, se démarquer et se distinguer

Tant que l'Être humain se fond parmi les *autres* et se rassure
en s'associant à la masse de ses *semblables*, il abandonne sa
précieuse unicité et prend la couleur du fond de la toile.
Impossible alors d'attirer l'attention et de se démarquer.

Absence de courage, de volonté, de vision, d'audace ? Accès
bloqués à l'intuition et à l'imagination ? Paresse, fatigue,
désillusion ? À chacun sa réponse, mais sachez que la réussite,
celle qui est exceptionnelle, ne voisine pas ces environnements mous, désengagés et déshumanisés.

La bonne nouvelle vient du fait que tout dépend de vous.
Tout ! Alors, dès que vous constaterez que vos comportements et vos attitudes vous éloignent du meilleur de vous-
mêmes, dès que vous observerez les manigances souvent
très subtiles de la peur et de l'ego, vous perdrez alors immédiatement l'immunité de l'inconscience. Dès cet instant, la
suite des choses dépendra des choix et des décisions qui
seront les vôtres. Dès lors, les « Je n'ai pas le choix ! » ou les
« Ce n'est pas ma faute ! » ne seront plus « vrais ».

En prenant la décision de mesurer la qualité de votre
contribution en prenant « votre plein potentiel » comme

référence, au lieu de vous comparer aux *autres*, vous brise-rez automatiquement les parois du statu quo !

Apprivoiser la dissidence, les échecs et les erreurs

Voilà trois puissants vecteurs de création de nouveauté : la dissidence, les échecs et les erreurs. Il y a ceux qui consument beaucoup d'énergie à tenter de les éviter ou de les pourchas-ser, et il y a ceux qui les utilisent pour retenir des leçons et se propulser encore plus haut. L'accueil de la dissidence, des échecs et des erreurs représente à lui seul un puissant agent de changement et de réussite.

Apprivoiser la dissidence, les échecs et les erreurs dérange le statu quo, lui qui préfère l'ordre établi et les anciennes énergies ; cela ranime les peurs du changement et l'inconfort des remises en question. Cependant, lorsqu'on examine les fines ramifications de leurs délicates fibres, on s'aperçoit que la dissidence, les échecs et les erreurs contiennent de nom-breuses fenêtres donnant sur de nouvelles solutions permet-tant, chacune, d'accéder à la réussite exceptionnelle.

Ripostez par la curiosité consciente et intelligente ! Cueillez les fruits uniques de la dissidence. Apprenez comme nul autre en étudiant le pourquoi de vos échecs et de vos erreurs. Dépassez la normalité et pulvérisez les parois du statu quo en empruntant des chemins peu fréquentés, là où les *autres* sont absents... pour le moment du moins.

Le grand pouvoir du *TRUST*

En lisant le livre *Getting There : A novel and more!* de Michael J. Roads, j'ai été frappé de plein fouet en prenant conscience de l'immense pouvoir du *TRUST*. Voyez dans votre propre vie à quel point vous appréciez que l'on vous fasse confiance sans réserve. Ce petit ingrédient immatériel peut facilement activer ce qu'il y a de meilleur en vous et, ainsi, venir renforcer considérablement votre contribution positive à votre environnement.

Antithèse de la microgestion, propulseur sans pareil de l'énergie créatrice de l'Être humain, *décupleur* du plein potentiel, *catapulteur* des efforts discrétionnaires et engagés, telle la levure chimique pour un gâteau, le *TRUST* a le pouvoir de faire lever la création de valeur à des niveaux inhabituels. Il prend sa source au tréfonds de l'Être humain. Le *TRUST*, cette fabuleuse énergie de confiance en l'Être humain, permet de créer un environnement où le meilleur de soi s'épanouit pleinement. Sans le *TRUST*, le vide se remplit de règles, les mouvements sont épiés, mesurés et évalués, les élans créateurs sont retenus ou modulés, le statu quo et la peur règnent sur l'audace et la confiance en soi.

Dans la vie personnelle, le *TRUST* est l'ingrédient le plus déterminant pour une relation amoureuse de très grande qualité ; pas celle de la dépendance affective et du manque, mais celle de la générosité, de l'authenticité, du respect et de la bienveillance.

Dans la vie professionnelle, le *TRUST* crée un espace de vie exceptionnel donnant accès à une audace qui n'aurait jamais vu le jour autrement. Il ouvre toute grande la porte à l'authenticité, à la confiance en soi et, au bout du compte, à la création de valeur étonnante.

Lorsque le *TRUST* habite une entreprise, il donne automatiquement à cette dernière un avantage concurrentiel difficile à imiter par sa capacité à créer un environnement de travail supérieur, notamment en chassant la peur et le doute, puis en attirant et en retenant les meilleurs génies créateurs de valeur.

Des Équipes Dirigeantes passionnées et conscientes

Repenser la direction des entreprises devient une priorité. Ne s'agit-il pas d'une fonction déterminante pour le déploiement du plein potentiel de cette dernière ? Combien d'autres années de scandales et de dysfonctionnements au sommet des entreprises faudra-t-il encore subir avant de réfléchir à la pertinence d'un grand changement ? Je ne parle pas d'un remodelage et d'une restructuration selon des modèles techniques développés par l'intellect, mais d'une complète reconstruction ayant comme pierre angulaire le Savoir-Être conscient et la dimension humaine. Il faut parfois jeter par terre ce qui est vieux et rebâtir au complet tant les structures vétustes ne s'accommodent même plus de simples modifications.

En fait, quels genres de structures et de garde-fous permettraient notamment d'éviter les malheureux dérapages du présent et du passé, tout en préservant le *TRUST*, l'initiative et la créativité ?

Le modèle de rémunération actuel a-t-il encore du sens ? Pourquoi payer vingt ou soixante fois le salaire moyen des vrais créateurs de valeur à des gens spécialisés dans la gestion des entreprises ? N'est-ce pas un mythe de penser que la rareté du talent justifie ces distorsions évidentes ? Et pourquoi ces gens doivent-ils sacrifier leur vie personnelle lorsqu'ils occupent ces postes juchés tout au haut d'une hiérarchie verticale ? Y aurait-il plus de « génies de la gestion » souhaitant relever ces défis exigeants s'ils avaient l'assurance que ce travail ne compromettrait pas la qualité de leur vie personnelle ?

Le concept de l'Équipe Dirigeante fait son chemin. Les modèles de gestion d'entreprises où l'on trouve une seule personne bien assise au sommet d'une hiérarchie verticale, payée exagérément et donnant ses ordres à des subalternes, sont désuets. Ils seront bientôt déclassés par le modèle de l'Organisation Consciente où des Équipes Dirigeantes, souples et dynamiques, et dont chaque membre développe en mode continu le Savoir-Être conscient, s'occuperont de conduire et d'administrer.

Bien sûr, le statu quo du système en place va fortement réagir et crier à haut volume qu'il s'agit d'une folie et d'une utopie. La raison est bien simple : le système actuel fait parfaitement l'affaire de la vieille énergie. Et puisque le système actuel est nourri, cultivé et protégé par les gens au pouvoir au moment où vous lisez ces lignes, ce n'est pas demain la veille qu'ils décideront de se faire hara-kiri. La vague « tsunamique » de la nouvelle réalité d'affaires et la montée d'une nouvelle conscience s'occuperont de détrôner la normalité et le statu quo en temps et lieu.

Apprendre les nouveaux rôles

Vivement de nouvelles Équipes Dirigeantes pour nos entreprises car les modèles actuels encouragent l'inefficience, l'égoïsme, la fraude et les intérêts personnels, au détriment de l'intérêt supérieur de l'*Entreprise* en tant qu'entité vivante. Ces anciens modèles ont permis aux entreprises de naviguer pendant quelques décennies selon les standards du temps, lorsque la noirceur et les nuages permettaient d'agir impunément, loin des regards indiscrets.

Maintenant que les puissants projecteurs internet entrent graduellement en action, la nouvelle réalité socioéconomique-numérique ne peut plus être ignorée ou traitée avec désinvolture. Sous la brillante lumière de la nouvelle conscience, les vrais créateurs de valeur sortent de l'ombre, et on s'aperçoit avec stupeur qu'ils ont été abandonnés par certains dirigeants très occupés à plaire aux investisseurs et à prévoir leur retraite dorée, délaissant les clients, l'entreprise et les vrais créateurs de valeur.

Avec l'arrivée des Organisations Conscientes, les Équipes Dirigeantes feront bientôt leur entrée dans l'espace de la gestion créative. Toutes les pertes d'énergie et les dysfonctionnements du passé laisseront place à un abondant surplus d'énergie vitale qui sera, dès lors, disponible pour alimenter les nouvelles fonctions dont le seul objectif sera de favoriser la création de valeur.

Il s'agira certainement de la plus grande avancée engendrée par le modèle de l'Organisation Consciente, et, aussi, de la plus cinglante riposte au statu quo et à l'ego qui ont dominé sans partage les hauteurs de l'espace organisationnel durant ce dernier quart de siècle. La Cinquième Révolution industrielle gronde et surprendra bientôt ces dirigeants et investisseurs qui n'ont pas encore pris en compte que ces Êtres humains par qui vient la réussite exceptionnelle.

Chapitre 14

Les vecteurs de la réussite exceptionnelle

Permettez-moi de le répéter : l'objectif de ce bouquin est de faire prendre conscience aux lecteurs qu'une nouvelle réalité socioéconomique-numérique frappe à la porte des entreprises et, qu'en même temps, une révolution sans précédent s'apprête à transformer le concept même de l'entreprise traditionnelle. Ce livre révèle un nouveau type d'organisation, l'Organisation Consciente, qui est en train de métamorphoser les modes opératoires traditionnels en élevant la dimension humaine tout au haut de l'échelle des priorités stratégiques des entreprises. Ce livre vous amène donc à la découverte des *quoi* et des *pourquoi* de l'Organisation Consciente, réservant le *comment* pour un bouquin à venir très prochainement.

Oui, il y a du soutien et des véhicules, des outils et des habiletés qui vous permettent de favoriser l'émergence de la réussite, autant dans votre entreprise que dans votre vie personnelle et professionnelle. La réussite n'arrive pas par hasard ou par chance. La *vraie* réussite, celle qui est exceptionnelle, a grandement besoin d'être cogitée et préméditée pour se manifester pleinement !

Pour prendre vie, cette réussite requiert deux grands éléments *géniteurs*. D'un côté, on trouve cette complexe et fragile mécanique liée à la dimension humaine qui permet à chaque Être humain d'accéder à son plein potentiel. Dans ce bouquin, le propulseur de cette mécanique porte le nom de

Savoir-Être conscient, et agit notamment comme un amplificateur du savoir-faire et du talent, ce qui donne au plein potentiel humain une densité et une profondeur sans pareil.

De l'autre côté, il y a l'environnement dans lequel évolue la dimension humaine. Lorsque de grande qualité, ce dernier agit comme catalyseur de la formidable énergie créatrice de chaque Être humain. Ainsi, plus l'environnement de travail est nourri par une culture organisationnelle riche, humaine et consciente, plus il favorise la manifestation du plein potentiel humain sous la forme de création de valeur étonnante. Dans le cas contraire, lorsque mal alimenté et de faible qualité, l'environnement de travail peut plomber, voire neutraliser complètement, le mécanisme de transformation du plein potentiel humain en création de valeur étonnante.

Ensemble, ces deux puissants vecteurs de réussite, vibrant en harmonie avec les lois toutes simples de la nature humaine, répondent invariablement de la même façon lorsque vient le temps de créer de la valeur dans l'entreprise, le tout en parfaite cohérence avec le niveau de qualité des intrants.

La dimension humaine : chimie de la création de valeur

Votre intuition vous le confirmera : retirez un seul élément des tableaux présentés ci-dessous et l'Être humain ne peut plus accéder avec autant de facilité à son plein potentiel humain ni créer autant de valeur étonnante. Alors que les précédentes révolutions ont été engendrées par de grandes nouveautés matérielles, la Cinquième Révolution industrielle est intrinsèquement liée à l'émergence de la dimension humaine en tant que vecteur de réussite. Il semble d'ailleurs que l'Être humain avait depuis longtemps oublié sa propre responsabilité dans la construction de son bonheur et de sa réussite. Cette époque d'amnésie est maintenant terminée. Désormais, l'Être humain reprendra l'espace qui lui revient et bouleversera, par son implication intelligente et consciente, les manières de voir, de faire et de vivre l'entreprise, propulsant cette dernière à des niveaux de réussite inégalés jusqu'à présent. Dorénavant, la dimension humaine aura une influence de tout premier plan sur le degré de réussite des entreprises. Voilà l'essence même de la Cinquième Révolution industrielle.

Les six pierres angulaires du plein potentiel humain

Les Êtres humains au sommet de leur forme physique et psychologique, profondément conscients de leur environnement intérieur et extérieur, et cultivant des valeurs de haut niveau, forment les solides piliers de l'Organisation Consciente. Ensemble, ils représentent une force créatrice d'une qualité et d'une puissance inouïes, du jamais vu, conférant ainsi à leur organisation un avantage concurrentiel difficile à imiter. Ces piliers remplis d'énergie créatrice sont appuyés sur six pierres angulaires qui favorisent la manifestation du plein potentiel humain, ouvrant ainsi la voie à la création de valeur étonnante. Voici donc ces six pierres angulaires :

1- Les prérequis
Corps et âme : bien-être physique et psychologique

2- Le terreau essentiel
Bonheur, plaisir, enthousiasme, passion, motivation et engagement

3- Les outils et les ressources
Talent et savoir-faire

4-L'espace-génie
Mental disponible, intuition, imagination, intelligence, mémoire et discernement

5-Les catalyseurs
Volonté, discipline, audace, courage, persévérance, responsabilité et action

6-L'essentiel amplificateur et activateur synergique
Savoir-Être conscient *individuel*

La dimension organisationnelle et l'algorithme du succès

Étant donné que les entreprises sont animées par des Êtres humains, on peut raisonnablement s'attendre à ce que l'ampleur du succès de ces dernières soit directement proportionnelle à la capacité de ces Êtres humains à déployer leur plein potentiel.

Or, même lorsqu'ils sont enveloppés dans la meilleure chimie de création de valeur, ces Êtres humains ont aussi besoin d'un environnement *extérieur* de grande qualité pour pouvoir arrimer la magie de leur dimension humaine à la mécanique de la création de valeur. Malgré toute sa bonne volonté, sa bonne santé et son tempérament de grande travailleuse, l'abeille a aussi besoin d'une ruche adéquate, d'une reine en santé, du beau temps chaud et... d'un champ de fleurs saines pour produire les résultats souhaités. S'il manque des éléments de base, la récolte en souffrira.

Ainsi, les Êtres humains ont besoin de se retrouver au sein d'une communauté de très grande qualité pour que l'ensemble de leur contribution humaine produise des résultats de très haut calibre. Et cela devient possible dans l'Organisation

Consciente dont la nature même permet d'arrimer la puissance créatrice de la dimension humaine à la mécanique de la création de valeur. L'algorithme du succès peut enfin dévoiler ses secrets.

Les cinq éléments fondamentaux de l'algorithme du succès

De nombreux éléments chimiques ont besoin d'un déclencheur ou d'un stimulant externe pour engendrer les transformations prévues. Même si les composants initiaux sont de très grande qualité, ils ne serviront pas la cause pour laquelle on les a réunis si le feu nécessaire et l'eau essentielle à la réaction chimique sont absents.

Ainsi, les meilleurs Êtres humains dotés des plus formidables caractéristiques humaines seront limités dans leur capacité à transformer leur plein potentiel en création de valeur concrète s'ils se retrouvent au sein d'une organisation dysfonctionnelle. Ils ont notamment besoin de leaders exceptionnels et d'un environnement de travail de très haute qualité.

La dimension organisationnelle d'une Organisation Consciente offre justement un espace holistique abritant un environnement de travail exceptionnel permettant de transformer l'extraordinaire plein potentiel humain en création de valeur étonnante. On y trouve notamment cinq éléments fondamentaux formant l'algorithme du succès, ce dernier ayant le rôle spécifique d'arrimer la puissance du plein potentiel humain à la mécanique de la création de valeur. Les voici donc :

1- Leadership d'influence et transformationnel
Vision, cohérence, crédibilité, compétence, rigueur, équité et intégrité

2- Des valeurs agglomérantes
Humilité, authenticité, humanité, ouverture, empathie et le *TRUST*

3- Un environnement de travail supérieur
Sécuritaire, équitable, sain, humain, stimulant et équilibre travail/vie personnelle

4- Des Équipes Dirigeantes
Accompagnement, inspiration, soutien, encouragement, reconnaissance et mobilisation

5- L'essentiel activateur et amplificateur synergique
Le Savoir-Être conscient *organisationnel*

Une révolution humaine

L'ancienne énergie de l'entreprise traditionnelle est devenue totalement désuète et inefficiente lorsque comparée à la puissance combinée de la chimie de la création de valeur et de l'algorithme du succès de l'Organisation Consciente.

Exit le technique, le mécanique, le physique ou le chimique comme principaux vecteurs de réussite. Bien que nécessaires, **ces derniers ne sont plus déterminants**. Toute l'attention est maintenant tournée vers les piliers et les propulseurs qui sont issus, essentiellement, de la dimension humaine. On semble passer de la matérialité à l'humanité, de l'apparence à l'authenticité, du superficiel à l'essentiel, du pur intellect au spirituel et, peut-être aussi – souhaitons-le – de l'étroite pensée technique et scientifique à l'intelligence intuitive, humaine et consciente.

Voyez ce moment magique où l'œuvre prend lentement forme sous les coups répétés du pinceau de l'artiste et semble, à un moment bien précis, se dévoiler dans toute sa splendeur aux yeux de l'artiste et des observateurs émerveillés. Ainsi, l'Organisation Consciente, sous les puissants projecteurs de sa dimension humaine, se dévoile majestueusement aux Êtres humains qui en sont eux-mêmes les artisans.

Cette révolution, humaine cette fois-ci, n'est plus seulement réservée à l'*élite* et l'establishment comme ce fut le cas dans le passé. De petits regroupements d'Êtres humains dont le niveau de conscience est plus élevé sont désormais en mesure de rivaliser avec de gigantesques et riches entreprises traditionnelles qui n'ont pas encore saisi les nombreux messages de la Cinquième Révolution industrielle.

Conclusion

La Cinquième Révolution
est en marche

Si l'histoire se répète, de nombreux Êtres humains liront ce livre et réaliseront que le statu quo est insoutenable pour les entreprises, mais, malgré tout, ils ne feront rien pour changer le cours des choses, absolument rien.

D'autres prendront conscience que leur propre mal-être, autant au travail que dans leur vie personnelle, a atteint la limite supérieure de l'inconfort. Mais eux non plus ne feront rien pour changer le cours des choses, absolument rien. Telle est la réalité choisie par ces nombreux Êtres humains vaincus par la peur du changement et prisonniers de leur zone de confort. Ils veulent une meilleure vie, mais il semble qu'ils n'ont pas encore souffert suffisamment pour se décider à passer à l'action. Pourtant, ce n'est pas faute de panneaux indicateurs tout le long du chemin qu'ils parcourent quotidiennement.

Pendant ce temps, une réalité parallèle bouillonne de ses nouveautés et de ses opportunités. Des Êtres humains attentifs sont mobilisés et s'affairent à y construire le bonheur et la réussite exceptionnelle, autant dans leur vie personnelle que dans leur vie professionnelle. Ici, le Savoir-Être conscient tisse majestueusement tous les liens reliant la dimension humaine à son environnement intérieur et extérieur. Chacun carbure à plein potentiel, laissant bien peu d'espace disponible pour les pertes d'énergie.

La Cinquième Révolution industrielle est en marche. La dimension humaine débarque et s'empare des cités ankylosées par l'ego et le statu quo. Chaque seconde, des Êtres humains doivent faire des choix de vie. Certains se sont entourés de solides et profondes valeurs, d'autres lèvent plutôt les voiles pour profiter de la direction du vent, sans vraiment savoir où ils vont. Les méandres de leurs chemins divergent considérablement, mais les amènent au même endroit : en face d'eux-mêmes. Les uns vont célébrer la cohérence de leur cheminement tandis que les autres se plaindront de l'absence de résultats. Certains choisiront le passé comme point de départ et d'appui, tandis que d'autres inventeront leur futur à partir de la réalité de l'instant présent.

Peu importe les routes empruntées par chacun, le grand train de la Cinquième Révolution industrielle soulève, sur son passage, la poussière de la vieille énergie et file à pleine vitesse vers la prochaine gare.

La gare, le train et les passagers

Des passagers arrivent d'un pas pressé et s'entassent sur le quai de la gare. D'autres y sont arrivés depuis assez longtemps. Des bagages sont déposés, ici et là, certains accompagnés d'un Être humain, d'autres délaissés temporairement, oubliés ou abandonnés.

On entend un sifflement. Les regards se tournent pour voir arriver le mastodonte. Le plancher de bois noirci de la gare fourmille de passagers qui avancent prudemment vers le train qui est maintenant presque arrêté.

Mais – surprise ! – le train redémarre quelques minutes plus tard, et seulement quelques passagers sont montés à bord. La plupart ont, semble-t-il, choisi de ne pas monter et se remettent à attendre le prochain train. Pourtant, tous les trains vont vers la même destination! Alors, pourquoi attendre? Attendre *quoi*?

Certains sont montés à bord en laissant leurs bagages derrière eux, d'autres ont apporté leurs grosses valises avec eux. Bien qu'ils soient montés dans le même train, leur parcours sera différent. À mesure que le train s'éloigne de la gare, les voyageurs dans le train observent les gens demeurés sur le quai; ces Êtres humains hésitants semblent devenir de plus en plus petits à mesure que le train s'éloigne.

Pendant que les uns sont en mouvement, les autres, immobiles, indécis, inquiets, stressés, angoissés et frustrés, attendent le prochain train. Combien de trains ces derniers ont-ils regardé passer? Combien de fois se sont-ils rendus à la gare du changement, valise à la main, sans prendre le train, et peut-être même sans avoir acheté de billet? Et combien de billets ont été achetés, mais immédiatement déchiquetés par la force du statu quo?

Les trains passent et repassent sans cesse à la gare de la Vie. Des milliers de gens les regardent arriver et repartir avec, à leur bord, quelques passagers audacieux. Observez-les bien ces Êtres humains qui laissent leurs vieux bagages sur le quai avant d'embarquer; ce sont eux, plus légers et audacieux, qui arriveront les premiers au sommet de la réussite exceptionnelle et du bonheur.

Et vous, lecteurs et observateurs de la scène, où se situe votre point de vue? Serez-vous parmi les badauds debout sur le quai de la gare, ou ferez-vous plutôt partie des voyageurs du train en route vers le changement, le bonheur et la prospérité? Et *votre* valise, que contient-elle? La laisserez-vous sur le quai ou l'emporterez-vous avec vous?

* * *

Voici la fin. Une nouvelle perspective vous a été dévoilée. Que se passera-t-il dès demain matin et durant les jours qui suivront ? Verrez-vous la Vie et *votre* vie différemment ? Oserez-vous ? Riposterez-vous ? Qui gagnera entre le confort de la normalité et l'audace du changement ? Prendrez-vous le volant de votre vie, ou, trop confortablement assis sur le siège du passager, continuerez-vous de jouer votre rôle rassurant au grand théâtre de l'illusion ?

C'est assez incroyable l'immense pouvoir qui repose actuellement entre vos mains. À cet instant même, vous avez le pouvoir de façonner votre destinée, de changer de direction, ou d'emprunter le même chemin qu'hier, sans être dérangé ni inquiété. Mais, vous avez surtout l'immense pouvoir de donner à votre destinée une vigoureuse impulsion pour la diriger sur des chemins que vous n'auriez, autrement, jamais explorés, ouvrant ainsi une fenêtre sur un univers rempli de richesses.

Osez votre plein potentiel, ripostez au statu quo, neutralisez l'ego... juste pour voir !

Plus jamais comme avant

Certains Êtres humains subissent un tel choc en prenant conscience de leur réalité, c'est-à-dire en sortant subitement de leurs illusions, que la manière de mener leur vie change brusquement du jour au lendemain. Ils ne veulent tout simplement plus laisser le hasard et l'indifférence jouer avec leur destinée. Un gros bang résonne partout autour d'eux. On ne les reconnaît plus ; en fait, on les voit subitement sous l'angle de leur vraie identité, de leur vraie vitalité, de ce qu'ils sont vraiment. Ils viennent d'enlever leurs vêtements et leur masque d'acteurs.

Ils tournent une page, la dernière du chapitre en cours, sans regret, sans regarder derrière eux. Ils découvrent leur vrai chemin et ne comprennent même pas comment ils ont bien pu être manipulés à ce point par l'ego pendant si longtemps, sans même s'en apercevoir.

Ne les cherchez plus sur les chemins du passé ou sur ceux fréquentés par tous : ils sont rendus ailleurs. Ils ne feront plus jamais comme avant.

La prise de conscience

En lisant ce livre, désolé, mais vous avez perdu l'immunité de l'inconscience. Maintenant, vous *savez* ! Vous regrettez peut-être de *savoir*, mais vous *savez* quand même, éternellement.

Vous *savez* maintenant que la perspective de la vieille énergie n'est plus une réponse appropriée à la nouvelle réalité contemporaine.

Vous *savez* aussi que chacune des fuites d'énergie dans la vie de chaque Être humain retarde l'arrivée du bonheur et de la réussite, et que l'entreprise n'est qu'un rassemblement d'Êtres humains idéalement unis dans une même vision et une même direction.

Vous *savez* maintenant que le savoir-faire et le talent, seuls, ne peuvent donner à l'entreprise l'accès à son plein potentiel.

Vous *savez* que la dimension humaine, lorsque mise à contribution, change complètement la donne, active les ingrédients du bonheur et de la réusssite, et transforme l'ordinaire en exceptionnel.

Vous *savez* surtout que votre destinée est entre VOS mains, que le hasard, les autres et les circonstances de la vie n'ont pas grand-chose à voir avec votre niveau de bonheur et votre degré de réussite, mais que ce sont plutôt chacun de vos choix et chacune de vos actions – ou inactions –, de vos attitudes et de vos comportements qui bâtissent, morceau par morceau, votre réalité d'aujourd'hui et préparent votre environnement de demain.

Finalement, vous *savez* qu'un nouveau modèle d'entreprise, l'Organisation Consciente, se présente à vous en tant que puissante réponse aux défis soulevés par la nouvelle réalité socioéconomique-numérique qui a déjà commencé à déferler sur le monde des affaires.

Vous *savez* tellement de nouvelles choses, alors maintenant *qu'allez-vous faire* ?

Tourner la page du passé

La mémoire du passé est parfois bien utile lorsqu'il s'agit de revisiter certains chemins infructueux ou encore d'utiliser le savoir-faire acquis dans le passé afin d'apporter une solution à un problème d'aujourd'hui. Mais là s'arrêtent les avantages du passé.

Lorsque le passé sert à alimenter des émotions énergivores ou encore à édifier des croyances et des dogmes, lorsqu'il attire et retient l'attention loin du présent, lorsqu'il empêche la mise à jour de la réalité, lorsqu'il sert de refuge à l'illusion, alors il se révèle comme un redoutable ennemi de la prospérité et du bonheur.

Les Êtres humains qui ont l'audace de tourner la page du passé découvrent avec surprise la splendeur de leur présent. Ils s'aperçoivent soudainement que leur destinée dépend totalement de l'instant présent, ce seul moment où leurs rêves peuvent graduellement se transformer en réalité. Dès lors, plusieurs Êtres humains se rendent compte qu'une grande partie de leur vie *n'a pas eu lieu*, ayant été trop longtemps bloquée dans le passé, dans cet espace mort caractérisé par la frustration et le ressentiment et là où les passagers sont légion et les conducteurs absents. Pendant tous ces moments figés et englués, le présent, lui, a continué sans relâche à déployer sa présence, sans que personne ne vienne lui tenir compagnie, laissant ainsi plusieurs opportunités de bonheur et de prospérité s'évanouir dans le silence de l'absence.

Entre statu quo et plein potentiel

Ainsi, les lecteurs tourneront bientôt la dernière page de ce livre et devront choisir, quotidiennement, entre le statu quo et le plein potentiel. Ne rien faire, c'est choisir le statu quo, c'est le passé qui sert encore de fondation pour leur destinée. Entre ces deux choix, toute une gamme de couleurs allant du noir charbon au blanc lumière.

Ceux qui opteront pour le plein potentiel seront appelés à injecter une bonne dose de cohérence dans leurs paroles, leurs actions et leurs attitudes afin que ces dernières soient bien axées sur le bonheur et la réussite. Ils s'engageront dès lors sur un chemin exigeant, oui, mais combien généreux en résultats exaltants! Leur engagement à s'élever au-dessus de la mêlée sera récompensé par la victoire sur leurs anciennes souffrances et sur leurs vieilles habitudes d'autosabotage de leurs succès potentiels.

Dans le prochain livre traitant quasi exclusivement du *comment* de l'Organisation Consciente et du Savoir-Être conscient, les lecteurs convaincus de l'urgence de quitter l'orbite de leur petite vie ordinaire afin d'embrasser l'extraordinaire défi du Savoir-Être conscient y trouveront les clés permettant d'implanter cette nouvelle conscience dans leur vie personnelle ainsi que dans leur vie professionnelle. De plus, ils y découvriront de nombreux exemples d'applications concrètes permettant de métamorphoser leur entreprise traditionnelle en Organisation Consciente.

Personnellement, depuis que j'ai adopté le Savoir-Être conscient dans ma vie de tous les jours, je ne suis plus capable de vivre en dessous de mon plein potentiel tellement les avantages que procurent ce dernier dépassent largement les efforts requis.

Rejeter la culture du court terme

Chers actionnaires et investisseurs, la culture du « court terme » n'a-t-elle pas été mise en place par ceux-là mêmes qui ont tué l'oie aux œufs d'or !

Ce *court laps de temps* situé en dehors des frontières de la sagesse et de la réflexion permet à l'illusion de vous faire croire que « vite » vaut mieux que « loin ».

Dans cet espace mental, les déchets laissés par la tornade « court terme » ne sont pas comptabilisés dans le grand livre de l'entreprise. On demande à l'Être humain d'inspirer et d'expirer simultanément afin d'accélérer la cadence. Le sablier énerve les actionnaires et investisseurs puisqu'il rappelle l'écoulement *qui prend du temps*. Et puisque *voir plus loin et plus large* risque de stimuler la réflexion, donc prendre encore plus de temps, les drones spirituels qui auraient pourtant permis de considérer de meilleurs chemins, moins fréquentés et peu encombrés, ne peuvent prendre leur envol.

Les victimes du « court terme » sont nombreuses. Dans presque tous les cas, la pérennité, la santé, l'équilibre et le bonheur se retrouvent prisonniers de ce micro-univers déshumanisé où l'illusion tire les ficelles du temps. Le titre de « la plus grande victime » est d'ailleurs fréquemment remis à l'entreprise traditionnelle, cette mère porteuse du court terme imposé par ses actionnaires. L'*Entreprise* traditionnelle, en tant qu'entité vivante, sait que le court terme prive les Êtres humains qu'elle abrite de victoires beaucoup plus grandes, de créations tellement plus importantes et d'une vision plus vaste. Mais, prisonnière des dogmes administratifs passéistes, l'entreprise traditionnelle exécute *le plus rapidement possible* des plans qui n'ont pas eu le temps de mûrir, se hâtant de récolter les premiers fruits, encore verts, mais abondants.

Dur lendemain de veille en vue. Et ces mêmes actionnaires impatients accuseront les conditions du marché et les Êtres humains-dirigeants bousculés dès que l'entreprise, épuisée, montrera les premiers signes de faiblesse.

Le court terme est bien utile lorsqu'une urgence ou une transition ponctuelle le requiert. Mais, la plupart du temps, c'est le moyen et le long terme qui forment l'horizon de vie dans ce milieu de travail qui préfère les fruits sucrés et mûris à point.

Chers actionnaires et investisseurs, le meilleur vin et le diamant n'ont-ils pas besoin du long terme pour atteindre leur maturité et émerveiller vos sens ? N'est-ce pas la même chose pour les meilleurs vinaigres, misos et fromages ? Pensons aussi à la profonde expérience que des Êtres humains pianistes, écrivains ou peintres ont acquise à force de patience et de longueur de temps ! Puisque la nature regorge d'exemples démontrant que la récolte ne peut précéder la maturation, expliquez-moi d'où vous est venue la croyance que l'enrichissement rapide survient en court-circuitant l'espace-temps. L'illusion vous a bien piégés! Votre myopie est confirmée! Le vrai trésor, celui qui se trouve dans le moyen et le long terme, est sain et sauf, hors de portée de votre cupidité et de votre inconscience.

Le moyen et le long terme ne signifient pas « prendre son temps », mais plutôt « accueillir le temps », celui dont a besoin l'Être humain pour permettre à la chimie de la création de valeur d'activer l'algorithme du succès. L'énergie créatrice de valeur de la dimension humaine n'utilise pas les raccourcis, ces derniers étant plutôt des créatures de l'intellect aride, stimulé par le mirage « avoir plus », plus rapidement!

La science nous démontre que même la vitesse déteste le court terme. Lorsqu'on presse la vitesse d'emprunter un étroit couloir temporel, le prix à payer sous forme d'énergie supplémentaire est énorme. Sachez que l'essentiel se fout de l'impatience, cette dernière préférant la facilité de l'accessoire dont les fruits immatures n'offrent plus aucune valeur nutritive qui mérite ce nom. L'essentiel, c'est prendre le temps de préparer un terreau de qualité qui permettra à la graine de devenir un arbre équilibré porteur de fruits magnifiques.

En fait, le court terme se situe du mauvais côté du futur; il se retrouve dans un sombre espace où l'accès au plein potentiel est limité par l'éphémère et l'instantané. Mais, pour les Êtres humains honnêtes et sincères, qui n'ont jamais été exposés à d'autres perspectives de voir, de faire et de vivre l'entreprise, la seule idée d'abandonner le court terme comme horizon de travail représente une violente sortie de route sur le chemin de leurs compétences. Cependant, ils peuvent se rassurer, car le nouvel éclairage qui pourrait être généré par l'élévation de leur niveau de conscience transformera leurs petits succès éphémères en grandes réussites permanentes.

Mais, il faut le vouloir !

Lorsque Honoré de Balzac affirma que « l'enfer est pavé de bonnes intentions », n'avait-il pas tout à fait raison ? La meilleure intention, sans l'action pour lui donner vie, n'est qu'une pensée volatile qui aura tôt fait de céder sa place à une autre pensée, probablement tout aussi éphémère, suivie d'une autre pensée...

En arrivant à la fin de ce livre, observez bien comment votre mental réagira : le déni tentera probablement d'esquiver toutes les réflexions qui risqueraient d'aboutir à des remises en question pouvant entraver la tranquille routine du statu quo. Si c'est le cas, rassurez-vous : vous êtes « normaux » ! Vous faites simplement partie de l'écrasante majorité des Êtres humains qui, lorsque confrontés à de nouvelles perspectives, figent sur place et se réfugient dans leur rassurant enclos du passé, laissant le nouveau et les défis à ceux qui deviendront bientôt les agents du changement.

Mais, bonne nouvelle, il se pourrait aussi que votre dimension intérieure reprenne du service et décide de passer en mode riposte. Ainsi, en choisissant l'action plutôt que la démission, vous sortirez de votre apaisante prison intellectuelle, vous choisirez de transpercer les frontières de l'ordinaire et d'accéder au nouveau. Dans ce cas, soyez prévenus, selon les critères normalement reconnus dans notre société, vous serez dès lors perçus comme des personnes *bizarres*, hors de l'ordinaire.

Dès cet instant, vous ne serez plus en mesure d'*ignorer* les incohérences, les conflits et les dysfonctionnements autour de vous. L'environnement de travail de votre entreprise traditionnelle vous sera dès lors insupportable. Vous aurez alors le goût de dépasser l'excellence normalisée et d'accéder sans plus tarder à l'orbite de l'exceptionnel. Vous relirez et relirez ce livre et veillerez à ce qu'il ne se retrouve jamais sur les tablettes poussiéreuses de l'oubli.

Si vous faites partie de cette élite qui n'a pas peur de l'escalade vers le vrai bonheur et la vraie réussite, qui n'a pas peur de l'effort et du coût rattaché à ce dernier, alors cette Cinquième Révolution industrielle est faite sur mesure pour vous. Vous constaterez, du même coup, que la nouvelle perspective de l'Organisation Consciente représente une fabuleuse rampe d'accès vers la réussite de votre vie professionnelle et de votre vie personnelle. Et, juste en amont, le Savoir-Être conscient, lui, vous permettra de devenir un meilleur Être humain, plus conscient, et capable de diffuser bonheur et réussite dans son entourage.

Vous avez aussi sûrement compris, au fil de votre lecture, que le Savoir-Être conscient ne s'installe pas comme un réseau informatique et, surtout, qu'il ne s'impose pas. **En fait, le Savoir-Être conscient, ça se DÉCIDE!** Le Savoir-Être conscient prend vie et se développe dès le moment où l'Être humain fait le choix d'élever son niveau de conscience. Le Savoir-Être conscient émerge alors pas à pas de la dimension intérieure vibrant au diapason du Soi profond. Sa puissante énergie mobilisatrice irradie de l'intérieur vers l'extérieur, sous la forme de la chimie de la création de valeur.

Grâce au Savoir-Être conscient, l'Être humain a enfin accès à des outils très puissants, simples à comprendre et non dogmatiques, lui donnant une ouverture sur une grande connaissance de soi qui est à la base de tout changement durable et profond.

Dès lors, l'Être humain devient capable de métamorphoser sa petite vie ordinaire en une expérience exaltante et enrichissante, en une fabuleuse odyssée remplie de découvertes et de dépassements de Soi, de bonheur et de réussites exceptionnelles au quotidien, et ce, autant dans sa vie personnelle que dans sa vie professionnelle.

Cet Être humain propulsé par le Savoir-Être conscient devient, dès lors, un extraordinaire leader d'influence et transformationnel capable d'attirer et d'inspirer d'autres Êtres humains exceptionnels qui voudront, eux aussi, parcourir des chemins visionnaires de création de valeur avec lui. La famille de cette femme ou de cet homme maîtrisant le Savoir-Être conscient grandira dans l'équilibre de vie, loin des conflits et des douloureuses expressions de la souffrance. Cet Être humain de grande qualité, heureux et accompli, plantera, sur son passage, les semences d'une nouvelle manière de voir, de faire et de vivre. De nombreuses Organisations Conscientes verront le jour grâce à lui. L'impact de son influence contribuera à amplifier l'intensité de la grande vague « tsunamique » de la Cinquième Révolution industrielle.

Cette vision utopique est déjà en train de se matérialiser. Les idées, les intuitions et les imaginations foisonnent fébrilement. Les projets et les rêves ne manquent pas.

Mais, il faut le vouloir !

CONTACTEZ / SUIVEZ NORMAND BRIEN

Courriel : contact@normandbrien.com
Site web : www.normandbrien.com
Facebook : facebook.com/NormandBrien
Twitter : @normand_brien
LinkedIn : Normand Brien, auteur, conférencier, coach,
formateur et développeur de richesses humaines

* * *

PARUTIONS À VENIR

L'Organisation Consciente
La 5e Révolution industrielle, version anglaise :
Automne 2017

Savoir Être Conscient
Le *comment* de l'Organisation Consciente
Sortie : Automne 2017
Version anglaise : Printemps 2018

Burnout et Brownout
Dans l'Organisation Consciente ? Connais pas !
Sortie : Automne 2018

www.ingramcontent.com/pod-product-compliance
Lightning Source LLC
Chambersburg PA
CBHW060333200326
41519CB00011BA/1927